suncolor

suncolor

最高專注力

讓頭腦清晰一整天的45項神級高效技巧

AWESOME FOCUS

ヤバい集中力
1日ブッ通しでアタマが冴えわたる
神ライフハック45

鈴木祐／著

張翡臻／譯

suncolor 三采文化

專文推薦

打造幸福感與成就感的專注力養成

大亞創投執行合夥人　郝旭烈（郝哥）

透過專注力，找到更加卓越的自己

專業職能治療師、《陪孩子遊戲玩出專注力！》作者　陳宜男

專注力的訓練，是人人都可以做的大腦課題

《大腦百科》醫學譯者、《適腦學習》醫學審訂　黃馨弘

每個人都需要後天可以養成的專注力

僑光科技大學助理教授、臺中市霧峰國中校長　謝龍卿

（依姓名字首筆畫排序）

推薦序

打造幸福感與成就感的專注力養成

大亞創投執行合夥人　郝旭烈（郝哥）

從小到大，我是一個興趣非常多元的人，這種特質不僅體現在生活上面，也反映在工作和職場上面。

也難怪，當很多人問我：您的專業是什麼？一時之間，我都很難答得上來。甚至，連我女兒在填寫父親職業欄位的時候，也經常陷入「到底我老爹是幹什麼的？」之沉思。

往好處想，很多人說我是時下人稱的「斜槓人士」，但是在整個成長過程中，對我而言，常常會陷入迷茫，因為這種變來變去的特質，也是所謂「沒有辦法專注」的一種體現。

在閱讀完本書《最高專注力》之後，我有種開懷放下的釋然感。

尤其書中在開篇就用野獸和馴獸師來形容比喻專注力的運作方式，就非常具有鮮活畫面感的說服力。

其實，「眼觀四面，耳聽八方」，本來就是對外界極度敏感，又容易受到引誘挑動的人性本能。

況且在網際網路資訊爆炸時代，各種會刺激感官的事物，又隨時隨地充斥在我們周遭；所以我們若要提高專注，就要如同馴獸師一般，馴化我們本來就不容易養成的專注力。針對這點，本書提供了非常有價值又切實可行的思維和方法。

尤其其中的幾點，對我而言更特別具有啟發：

（一）報酬的即時反饋

人們常常說：專注力不容易養成。但是回頭想想，我們在玩遊戲、在打撲克牌，甚至是玩電動玩具的時候，那種專注力可不是被逼出來的。

這就是書中告訴我們，遊戲時所帶來的即時反饋，會強化我們繼續做下去的報酬感，也會讓專注力能夠不斷地持續。

所以，就算是做完一件小事，把它給記錄下來，在筆記本上面打個勾，告訴自己已經完成的這種報酬成就感，都會提升自己的專注力。

（二）重複的強化力量

我們常說：很多事情，做著做著就習慣了，而習慣之後，時間一旦長了，就會形成非常大的力量。

同樣地，習慣一旦養成之後，專注力也就變成一件自然而然的事情。

就像書中說的，每天從簡單的事情開始完成起，例如一早起來做個十分鐘的運動拉伸，每個禮拜做個四天以上；這樣子的重複就會強化成為一種習慣。

一旦成為習慣，面對其他事情干擾，你就會習慣「先做完這件事情再說」。自然而然，面對這件事情的專注力就不容易被拉走了。

（三）故事的自我暗示

我三十多歲的時候，別人邀請我去參加鐵人三項，我說我年紀太大做不了；等到我快五十歲的時候，有另外兩位六十多歲的大哥完成了鐵人三項，並邀請我去參加，結果我心無旁騖地順利完成了。

三十多歲和快五十歲的我，是同樣的一個人，甚至五十歲要完成鐵人三項，比三十歲還難得多。但是兩種不同的情境，給了我不同故事的心理暗示，讓我在快五十歲時可以「專注」在自己想要的事情上面。這件事例，也是對本書內容的最佳佐證。

（四）同儕的陪伴影響

書中告訴我們，身邊的人，是影響我們能否有專注力的重要關鍵之一。

就像前面鐵人三項的例子一樣，那兩位六十歲老大哥「陪伴」的力量是非常強大的，因為這種同儕的簇擁，會讓自己不自覺地提升向前的專注力；這也就是我們必須尊敬老祖宗智慧語言「近朱者赤，近墨者黑」的道理。

（五）休息的留白價值

書中一開始便說，不容易培養專注力，是本質上的存在。所以在整個馴化、培養專注力的過程當中，不要太「急於求成」，給自己一點喘息的空間，甚至不要責難自己為什麼沒有辦法專心。這是我認為這本書在最後，給我們非常好的一份禮物。

就像《複利效應》，還有巴菲特的雪球理論，都告訴我們「慢慢來，比較快」。專注當下，培養正念，休息和留白，可以讓我們走得更久，走得更遠。

誠摯推薦這本好書，相信不僅在專注力的提升上面，會給我們非常有價值的想法和做法；更會讓我們在生活和工作的幸福感與成就感上，有不一樣的體會。

推薦序

透過專注力，找到更加卓越的自己

專業職能治療師、《陪孩子遊戲玩出專注力！》作者　陳宜男

從事兒童相關領域的工作已將近二十年之久，其中兒童注意力不足過動症是我最常接觸的族群之一，因而在兒童的專注力與衝動控制訓練上，也有相當程度的鑽研，為此也曾出版過多本兒童專注力相關的著作。而我所切入的點，並非嚴謹的專注力訓練模式，而是希望透過在日常生活中養成良好的習慣與玩遊戲，來維持與調整專注力的表現。孩子們從生活中身體力行與反覆演練，更能體會到自己的努力所帶來的具體改變。

然而，在臨床上也發現，不只有學齡前或學齡階段的兒童有專注力與衝動控制

方面的問題，有許多青少年與成人也面臨類似的問題，而且深深影響日常生活、課業與工作上的表現，甚至連參與休閒娛樂活動也受到了影響（例如玩撲克牌時經常沒看清楚或想清楚就出牌等）。

不瞞大家，其實過去我自己就是深受專注力與衝動控制問題影響的其中一位，一直到大學畢業、開始就業時也是如此。所幸，後來因為工作性質的緣故，需鑽研許多專注力訓練相關的文獻，加上醫療從業人員凡事喜歡求證的職業精神，最終成功獲得改善。當時我也心想：如果身體力行後能獲得成功的經驗，將來在引導孩子們時會更加有說服力，也比較能理解孩子們在使用這些方法時的感受，以及可能遭遇的問題。

當我第一次開始讀鈴木佑老師的《最高專注力》時，眼睛為之一亮，許多方法都和我先前一直用來督促自己並分享給孩子、家長們的成功經驗、觀念雷同，而且整理得非常有組織架構。突然間，一股動能促使我一口氣把本書所有內容都讀完，讀的過程中，腦中不斷浮現出自己的切身經驗。我也有一股熱情與衝動，想立刻將本書內容分享給自己服務的孩子們，以及聆聽專注力講座的家長們。

透過「書前附錄：讓頭腦清晰一整天的四十五項神級高效技巧一覽表」，你可以從日常生活中身體力行，包括調整飲食習慣、調整日常生活作息、自我觀察、創造個人儀式等，養成可以讓自己專心的好習慣，也較能覺察到自己的改變，每個方法都淺顯易懂並非常實用。例如，我習慣在執行重要工作任務前，會先做三件事來讓自己的思緒與專注力就定位，包括：

步驟一：讓自己回到固定的辦公桌前坐好。

步驟二：整理辦公桌面（將東西歸回原位、不相關的文件暫放抽屜中），如需要用到電腦，也會將螢幕桌面上不相關的檔案進行刪除或歸檔。

步驟三：拿出記事本或便條紙，寫下接著要執行的工作項目與時間軸，並在最後寫下自己完成工作後想做的事情。

每當我固定完成這三件「事前準備作業」後，工作完成度與執行效能都會明顯提升，而且隨著時間的推移與成功經驗的累積，逐漸變成了一個讓自己維持專注力的獨特習慣，我也經常將自己成功的例子分享給學齡階段的孩子們。這些習慣，都與書中介紹的方法不謀而合。

由衷推薦鈴木佑老師的這本好書，並邀請大家，無論是否有顯著的專注力問題困擾著自己，都可以來嘗試與體驗老師所分享的方法，或許就能找到更加卓越的自己！

推薦序

專注力的訓練，是人人都可以做的大腦課題

《大腦百科》醫學譯者、《適腦學習》醫學審訂　黃馨弘

什麼是專注力？專注為什麼是學習力中最重要的特質之一，引來當今重要的神經科學學者們高度關注？

由於思考對於大腦來說，是相當消耗能量的行為，我們的大腦只能夠緊緊地抓住感知中的某些重點，因此「關注重要的事情，減少分心，維持大腦在最高效率下運作」，是增加學習力相當重要的關鍵。

專注力能夠讓我們從各種輸入大腦的感覺訊號中，選擇某幾個訊號，選擇性地

提升對這些訊號的關注。專注力也是少數可以經過訓練而獲得改善的能力。

專注力相關研究在運動界已經獲得許多成果。例如，福特汽車公司就曾和倫敦國王學院合作，邀請五屆FIA世界汽車拉力錦標賽冠軍 Sébastian Ogier 和三屆FIA世界房車錦標賽冠軍得主 Andy Priaulx 參與一項EEG腦波檢測分析研究。

研究發現，「對比未經過專注訓練的一般駕駛者，在需要高度專注力的高速行駛狀態下，賽車手的大腦避免分心的能力較一般人增加四〇％。」更重要的是，主導研究的神經科學家 Elias Mouchlianitis 博士指出，原先未經過訓練的一般非賽車手的駕駛者，在進行簡單的呼吸和冥想練習與視覺化訓練後，也能提升高達五〇％的專注力。

這強化了「專注絕對不是天生注定」的觀點。專注力的訓練，是人人都可以做的大腦課題。

《最高專注力》便是基於這個前提，整理了來自飲食、自我暗示、正念訓練、環境營造等眾多能夠有效提升大腦專注力的訓練方法。相信對於許多需要大量考試的學生、考生或是準備論文的研究生來說，都會是相當有助益的一本好書。

推薦序

每個人都需要後天可以養成的專注力

僑光科技大學助理教授、臺中市霧峰國中校長
《國中生子彈筆記考試法》、《做自己的BTS》作者
謝龍卿

專注力並非天生，而是後天努力就可以養成。以我在學校三十多年的教育經驗發現，專注力高的學生，不但學業成就較高，連帶各方面的表現也比其他人突出。

我記得小時候，外婆最喜歡煮「刺五加雞湯」給我喝（因為外婆家後院種有很多刺五加），外婆說刺五加又被稱作西伯利亞人參，益氣強體，能提升專注力，包我考試得第一。說也神奇，自從我喝了雞湯，考試還真的經常得第一。長大後，聽

中醫的朋友說，刺五加不只提神醒腦，還是很強的男人威而鋼，當下我才明瞭，外婆為了我們謝家傳宗接代，還真是用心良苦啊！不過，我到現在這個年紀仍身強體壯，精神飽滿，一人當三人用，或許真的跟它有關。

先不談刺五加，我們把話題拉回來。專注力可以提高學習成就，早在幾百年前就引起許多研究學者的興趣，最近的腦神經科學更是將研究重心放在：腦神經迴路如何影響一個人的專注度，還有腦神經迴路的運作會受到哪些因素的影響。

大部分人對學術研究的興趣可能都不高，更不想知道腦神經迴路的運作歷程，但是對於「如何快速提高專注力」以及「最高專注力如何持續」的方法應該都相當好奇，因為任誰都想在有限時間裡「創造最高的學習效果與價值」，不是嗎？

多年前聽醫生同學說，多喝「茶」有益腦力回春，特別針對「容易忘東忘西」的毛病最有效。據說將茶葉加熱水浸泡的飲法，是幾千年前漢武帝的爸爸漢景帝發現的，當時茶葉不巧掉進一壺滾水中，就這樣有了「茶」這種飲料。有陣子我確實買了不少凍頂烏龍茶來喝，起初效果真的不錯，基本的提神醒腦不用說，更讓我晚上寫稿子的精神與速度都增進不少。後來又接觸咖啡，尤其是不加糖的黑咖啡，對於我這種夜貓子來說，真是一大福音。

但是好景不常，想來是我的身體逐漸習慣了咖啡因的存在，每天喝進肚子的量越來越多，無奈效果卻每下愈況。直到有幸拜讀三采文化《最高專注力》才知道，原來攝取一五〇～二〇〇毫克的咖啡因三十分鐘後，疲勞感能獲得緩解，專注力的持續時間也會延長；但是如果喝咖啡的時間與用量不對，效果必定大打折扣。

原來喝咖啡的時間與方法很重要，不但起床後九十分鐘內不要攝取咖啡因，還必須利用美國陸軍研發的排程系統「2B-ALERT」控制攝取量與攝取時間，才會得到最佳效果。此外，若搭配綠茶中的放鬆成分「茶氨酸」一起飲用，對大腦 α 波活性的增強幫助最大，也最能提高專注力。最近我照著書中的方法執行，果然又找回了最初的感覺。

正巧最近我在進行正念靜心（mindfulness meditation）的研究，這是源自兩千多年前釋迦摩尼佛的「毗缽舍那法」：讓內心歸於平靜，將注意力持續貫注並關照當下身心的自我察覺法。沒想到竟與本書內容也不謀而合：吃飯時不做別的事情；不被電視、手機等其他事物分散注意力……等。

《最高專注力》這本書濃縮了作者多方考證、分析、研究，彙整而成的「專注力維持技巧」，對於提高專注力特別有效，不但可以增加你的時間密度，還能充實你的生活濃度。我就是一個忠實實踐者，特此推薦給所有的學子、考生，甚至是上班族的你。

書前附錄

讓頭腦清晰一整天的45項神級高效技巧一覽表

部	章	主題	高效技巧	順序	頁數	打勾確認
促使野獸行動	第1章 給野獸餵餌	咖啡因	不要一次喝兩瓶以上罐裝咖啡	1	55	□
			喝咖啡時搭配牛奶或鮮奶油	2	55	□
			起床後九十分鐘內不要攝取咖啡因	3	56	□
			使用美國陸軍「2B-ALERT」法	4	56	□
			攝取咖啡因時，盡量同時攝取茶氨酸	5	58	□
		MIND	使用地中海飲食法，提升集中力	6	60	□
			使用益腦飲食三大原則「MIND」	7	65	□
		飲食日記	等級❶單純確認	8	74	□
			等級❷MIND評分表	9	75	□
			等級❸專注力日誌＋評分表	10	77	□
	第2章 報酬的預感	報酬感計畫	基本設定表	11	94	□
			實踐設定表	12	106	□

部	章	項目	內容	編號	頁碼	勾選
促使野獸行動			速效簡易版設定表	13	118	□
	第3章 進行儀式	多巴胺	一早從最簡單的作業著手	14	131	□
			反覆留下「完成」記錄	15	135	□
		些許不適感	遵守「5的原則」累積些許不適	16	144	□
		連續儀式	連續儀式的累積	17	147	□
			每週四次、連續兩個月持續儀式	18	150	□
鍛鍊馴獸師	第4章 編撰故事	自我印象	等級❶自我暗示	19	168	□
			等級❷工作變更	20	170	□
			等級❸指示型自我對話	21	172	□
			等級❹VIA SMART	22	176	□
			等級❺同儕壓力	23	181	□
	第5章 自我觀察	分離正念	隱喻為雲	24	202	□
			隱喻為電車	25	203	□
			隱喻為牧草地	26	204	□
		打造聖域	準備專用空間	27	206	□
			量身打造專用空間	28	208	□
			準備專用的電腦或手機	29	210	□

部	章	主題	高效技巧	順序	頁數	打勾確認
鍛鍊馴獸師	第5章 自我觀察	打造聖域	區分使用者帳號	30	211	□
			降低手機的魅力	31	211	□
			善用封鎖程式	32	213	□
			絕對不能聽有歌詞的曲子	33	217	□
			休息時間聽音樂能提高作業效能	34	217	□
		後設認知	情緒評分	35	218	□
			將情緒轉換成物質	36	220	□
	第6章 放棄並休息	自我接納	自我意象	37	232	□
			暫時休息	38	233	□
			2分鐘承諾	39	234	□
			正向資源法	40	235	□
		休息法	等級❶小憩片刻	41	241	□
			等級❷工作休息	42	242	□
			等級❸運動休息	43	243	□
			等級❹激烈運動休息	44	244	□
			等級❺美軍式助眠操	45	246	□

前言

傳說中，第一個青史留名的「注意力不集中人類」，是古希臘的佩爾塞斯。他是知名詩人赫希俄德的弟弟，從小性格懶散、不專心務農，成天遊手好閒。

看不過去的赫希俄德寫了一首詩送給佩爾塞斯：「不要把今日的工作拖到明天才做。不努力工作的人將與毀滅為伍。」

赫希俄德的話很有道理，但我相信應該有不少人對佩爾塞斯感同身受。

「眼看工作期限就快到了，我還在拖拖拉拉……。」

「明明想認真讀書，卻不小心玩起遊戲……。」

「才振作五分鐘就上網亂逛了起來……。」

令多數現代人困擾的煩惱，本質上跟西元前七〇〇年的古希臘人如出一轍。「要怎樣才能專心做眼前的作業呢？」人類長久以來都受此問題所苦。

大家都明白，專注力是人類不可或缺的能力，集中精神投入重要的任務，才能獲得豐碩成果。更不用說，迅速完成工作、讀完書後，還能用剩餘時間做自己喜歡的事。

事實上，近年來有愈來愈多研究結果顯示「專注力會影響人生的成敗」。

計量經濟學大師詹姆士・赫克曼在二〇一六年針對「成功的必要因素」展開調查。他先對數萬名出生於英國、美國的孩子進行智商及性格測試，十幾年後再重新調查全員的收入及健康狀況，並從分析結果，得到以下結論：

- **成功的關鍵並非聰明才智，而是「誠實性」**

在此，「誠實性」指的是不屈服於眼前慾望、專心投入重要作業的能力，也就是專注力。

「聰明才智」固然有一定的影響，重要程度卻遠不及專注力。跟聰明人相比，專注力高的人收入更高、身體更健康，而且多數人精神狀態良好，過著幸福美滿的生活。從這些角度看來，要說專注力是現代人最重要的技能也不為過。

那我們該如何提升專注力呢？一般會給予幾個建議：

- **徹底實施工作管理**
- **打造出能專心的環境**
- **思考進入心流或化境的方法**

這些方法確實能達到各種成效，也都是備受好評的技巧，親身實踐後可望感受到某些變化。不過，這些技巧的困難之處，在於容易淪為治標不治本。明明真心想提升專注力，卻只在初期看到成效，過沒多久就原形畢露，恢復拖拖拉拉的本性。這類例子屢見不鮮。

很多人應該都有類似的困擾吧？

「只專心了一下子，馬上就被打回原形。」

「結果還是敗給眼前的慾望。」

我的部落格也經常收到這類諮詢信件。究竟該如何解決這些問題呢？

此時最重要的是深入探討「專注力的本質」。我們必須先揭開「專注力」這種神秘能力的真面目，才有辦法發揮專注的力量。

也許你會想「我哪會不知道什麼是專注力？」那麼你能立刻回答以下問題嗎？

- **為什麼人類數千年來都為了缺乏專注力而煩惱呢？**
- **專注力明明如此重要，為什麼人類的專注力始終沒有進化呢？**
- **玩遊戲跟滑手機時的專注力，為什麼無法用在工作上呢？**
- **為什麼一流運動員能靠獨特的固定行為，提升他們的專注力呢？**

在掌握這些問題前，不管用了多聰明的技巧，都無法有效提升專注力。因為不瞭解專注力最基本的形成原理，就無法配合現況活用技巧，彷彿死背數學公式，卻不理解正確意思，以致於無法解題。

有鑑於此，本書會先講解人類的心理機制，揭開專注力的真面目。究竟是怎樣的機制帶動你的心理活動？這種機制跟專注力的增減有什麼關係呢？本書會先介紹這些基礎知識，再傳授具現代科學實證的最佳技巧。

這些技巧是我從近年發表的數千份腦科學、心理學、營養學研究論文中，嚴選出可信度最高的資料，並諮詢四十多名美國及亞太地區的重要心理學家及營養學家後整理而成。

當然，在我進行這一連串作業的過程中，本書介紹的「提升專注力的技巧」也派上了極大的用場。

我除了是寫書的科學作家以外，還為企業提供顧問、調查服務，同時編寫部落格及電子報，每天平均得閱讀十五份論文和三本書，產出二～四萬字原稿。一旦敗給眼前的慾望，工作就會開天窗。本書之所以能順利出版，也應歸功於我深入理解了專注力的基礎原理。

當然，只要讀完本書，人人都能獲得同等的專注力。

就算你有拖延的壞習慣，也不是因為你好吃懶做或缺乏才能，只是因為你還不瞭解人類的心理機制而已。

事實上，每個人腦中都潛藏著「超級專注力」。你真正需要的是理解人類的心理機制，學習正確的運用方式。當你吸收這些知識後，無論遇到任何狀況，都能維持高度的專注。

接著就讓我們開始吧！

第6章 放棄並休息 ~消除疲勞和壓力的放鬆法~

Chapter

0

野獸和馴獸師

～提高 400% 動力的思考框架～

1 產能比一般人多4倍的高效能人才有何過人之處？

連天才也無法克服的專注力問題

回顧過去，人類的歷史就是一段與精神渙散對抗的戰爭。早在四千年前，源於波斯的祆教就已經出現「能導致人類精神渙散和倦怠的惡魔」。就連三千四百年前的埃及古文書上，也有「拜託請集中精神好好幹活！」的文字記載。

不僅如此，精神渙散也令歷史上的天才們苦不堪言。

有「通才」美譽的李奧納多·達文西，終其一生留下上萬張手稿，實際完成的作品總數卻不到二十件。

達文西很容易在工作時分心，經常畫沒兩筆，就拿起手邊的筆記本，畫起毫不相干的塗鴉，等回過神來，才提起畫筆繼續作畫。正因如此，他的工作進度非常緩慢，名作〈蒙娜麗莎〉甚至花了十六年才完工。

許多偉人都有注意力渙散的煩惱，像是法蘭茲．卡夫卡總會在寫作時被戀人的來信吸引，導致多數作品有頭無尾；維吉尼亞．吳爾芙則是容易被電話鈴聲擾亂思緒，在日記裡寫下「那個聲音侵蝕了我的大腦」。事實上，受專注力問題所苦的天才多不勝數。

但與此同時，無論在哪個領域，都一定會有所謂的「高效能人才」。高效能人才能維持高度專注力，持續產出遠勝於常人的大量成果，成為該領域的佼佼者。代表性人物包括一生創作約一萬三千五百件油畫及素描作品的巴勃羅．畢卡索；發表五百多本論文的數學家艾狄胥・帕爾；取得一千零九十三項專利的湯瑪斯・愛迪生等人。

即使不到偉人級別，每個人身邊也至少會有一、兩位高效能人才，也就是集眾人目光於一身的「能人」、「強者」。

專注力不是光憑才能決定的！

二〇一二年，印第安納大學找來六十三萬人，進行過去最大規模的高效能人才研究。他們針對企業家、運動員、政治家、藝術家等職業展開調查，找出產能優於常人的人有哪些特徵[①]。

從調查結果可以得知，**事實上，高效能人才隨時都能發揮比一般人高四〇〇%的產能。**

根據OECD調查，日本人勞動一小時的平均產能約為五千日圓，高效能人才勞動一小時卻能多出兩萬日圓的附加價值。若以日本人的年度勞動時間計算，一年將產生約三千萬日圓的差額。

在前述印第安納大學的研究中，高效能人才產出的業績額，經試算占了各企業利益的二六%。若以二十名員工、年度業績一億元的公司為例，光是一名高效能人才，就幫公司賺進二十萬美元，其他十九人則各賺三萬美元。

高效能人才究竟有哪些過人之處？又是如何維持高度專注，表現高於常人四倍的成果呢？

與生俱來的才能確實是關鍵因素之一。

人類的產能會受到遺傳影響，這已是人盡皆知的事實。從密西根州立大學針對四萬名研究對象進行的整合分析結果看來，**與生俱來的性格會影響五〇%的工作欲望和專注力**②。由此可知，天生的才能確實會對人類的專注力造成極大影響。

儘管是個令人洩氣的結果，但大家也別急著氣餒，畢竟受遺傳影響的專注力只占一半，另一半是由能靠後天修正的「某項因素」所構成。

根據多份高效能人才的研究結果，這群高效能人才或多或少都在無意識間掌握了相似的訣竅，因此能發揮出超群的專注力。也就是說，從現在開始努力也為時不晚。

本書將這裡提到的「某項因素」稱為「野獸和馴獸師」。

2 一口氣解決專注力問題的思考框架

野獸相當於本能，馴獸師相當於理性

「野獸和馴獸師」是基於「人類的心一分為二」的事實衍伸出的隱喻。這並非創新的發想，早在遠古時代，人類就已經明白，我們的心並非單一的統合個體。

最具代表性的例子是基督教的天使與惡魔。循規蹈矩的天使對抗誘人墮落的惡魔，如此俗套的情節，卻正是人類內心分裂的經典表現。

十七世紀的歐洲啟蒙思想家將人類內心活動比喻為「理性」與「衝動」的衝

突，將合理的生活方式視為真實。同一時期，經濟學之父亞當・史密斯主張人類擁有「同感」和「公平觀察者」兩個人格。近代的佛洛伊德在描寫精神疾病時，則以「本我」和「超我」之間的糾葛為主軸。

從這些例子能明顯看出，即使在尚未得到科學根據的時代，博學多聞的人也早已注意到「分裂的心」這個事實。

而到了現代，人類對「分裂的心」進行了更縝密的研究。

其中最具說服力的證據，出自一九八〇年代開始蓬勃發展的腦科學領域。大批研究員在反覆掃描腦部後發現一個事實：人類腦中的前額葉皮質和邊緣系統無時無刻都在互別苗頭，爭奪肉體的支配權。

前額葉皮質是人類進化後才誕生的系統，擅長執行複雜的計算和解決問題；邊緣系統則是人類進化初期就擁有的區域，負責控制食慾、性慾等原始慾望。

舉例來說，當你煩惱「要工作還是喝酒」時，前額葉皮質會主張「快去工作」，邊緣系統則不斷慫恿你「快去喝酒」；當你遇到「必須存錢但又想去旅行」的問題時，前額葉皮質會投「存錢」一票，邊緣系統則會投「旅行」一票。

如今，這個概念已被應用在各個學術領域，在心理學界被稱為「啟發法」、「分析式思考」，在行為經濟學界被稱為「系統一」、「系統二」等。雖然字面上有細微差異，但本質都是把人心一分為二。

本書採用的「野獸和馴獸師」也沿用這個概念。

若依前述說明，**野獸相當於「衝動」、「邊緣系統」，馴獸師等同於「理性」、「前額葉皮質」**。本書就像在探討馴獸師該如何馴服內心那隻隨心所欲的野獸。

其實並沒有名為「專注力」的能力？

明明已經有如此多元的表現方式，我卻另以「野獸和馴獸師」來稱呼，正是因為就探討人類專注力的層面來看，現有的表現方式尚無法完整解釋。

為了證明這點，請先設想一個你必須集中精神讀書的狀況吧！這個情境稀鬆平常，但若想在此時展現和高效能人才同一水平的專注力，你必須用上各式各樣的能力。

在開始認真讀書前，你會先遇到第一道關卡，例如：

已經把參考書攤開、放在眼前，卻怎樣都提不起勁，於是先去看郵件，不知不覺就過了三十分鐘……。

對眼前的作業毫無動力，甚至連如何起頭都毫無頭緒。

這種狀況應該人人都經歷過吧？

此階段需要用上的兩種能力是「**自我效能**」跟「**動機管理能力**」。自我效能指的是下意識認定「怎樣的困難都難不倒我」的心理狀態。若沒有培養出這種感覺，即使是簡單的作業也會感到棘手，遲遲無法踏出第一步。至於動機管理能力，應該不必多做說明了吧？為了讓自己投入毫無興趣的作業，我們必須想辦法提升動力、激發士氣。

但在成功克服這道關卡後，其他試煉會接踵而來。

此時的關鍵問題是「**注意持續力**」。這是一種持續專注於眼前作業的能力，專業說法則是「注意力控制」。

注意持續力因人而異，成人平均極限只有二十分鐘③。即使順利進入專心狀態，注意力也會在二十分鐘左右後斷線。我們很難延長注意力的活動極限，唯一的解決方法只有學會有效動腦的技巧。

接著會遇到最大的難關——誘惑。近在眼前的慾望突然席捲而來，開始在意起手機的訊息通知、剛買的遊戲、冰箱裡的點心等。這樣的狀況應該很熟悉吧？

不過，會削弱專注力的因素，不光是外界的誘惑，腦內記憶也能輕易分散你的意識。例如：

當你讀到「成吉思汗從一二一一年開始征戰」這句話後，腦中會冒出數段從「成吉思汗」聯想到的記憶。

如果聯想到「忽必烈」、「元日戰爭」等跟書中有關的內容，倒還值得慶幸，但我們腦子裡往往浮現的卻是「前陣子吃的成吉思汗羊肉鍋好好吃」等毫不相干的記憶。

意識一旦遭到成吉思汗羊肉鍋的記憶篡奪，大腦將開始進行各種聯想，不聽使喚地開始思考「再找找看有沒有其他好吃的店吧！」、「不知道有沒有能自己在家做的食譜？」直接摧毀你的專注力。

此階段需要的能力是**「自我掌控力」**。想打敗無數段在潛意識間蠢蠢欲動的記憶，必須具備持續自律的能力。

總之，我們稱為「專注力」的能力，其實是由好幾種能力結合而成。

開始作業前需要自我效能跟動機管理能力、作業中不能缺少注意持續力、從作業開始到結束都需要自我掌控力……，雖然多數人把這段複雜過程統稱成單一特定能力，但是其實並沒有名為「專注力」的單一能力。

因此，深入探討「專注力」前，我們必須先建立更全面的框架，找出特定學術定義中不足的要素，打穩涵蓋多項能力的地基。而「野獸和馴獸師」的隱喻就是這個地基，也是讓我們全面揭開「專注力」真面目的思考框架。

3 「野獸」單純又敏感，卻能發揮超強力量！

第1個特徵「討厭困難的事情」

棲息在我們體內的「野獸」，究竟是怎樣的存在呢？牠擁有怎樣的能力，這些能力又跟專注力有何關聯？首先，讓我們來觀察野獸的生態吧！

棲息在你體內的野獸，擁有以下三大特徵：

(1) 討厭困難的事情
(2) 對任何刺激都有反應
(3) 力大無窮

第1個特徵是「討厭困難的事情」。野獸喜歡具體又單純的事情，會刻意避開抽象複雜的事物。

有項跟人名有關的知名研究，證實了野獸偏好單純的事物④。研究團隊將洋洋灑灑列了一大串人名的名單交給數百位學生，問他們「對哪個人有好感」，藉此調查人類的喜好是否會在無關容貌和衣著的情況下，受到名字影響。

從研究結果，我們能明顯看出，學生的喜好取決於「名字好不好念」。跟 Sherman 等名字簡單的人相比，學生們更討厭 Vougiouklakis 等名字不易發音的人。

另一份實驗報告甚至顯示，名字難念的人容易誤入歧途，名字好念的人容易取得成功的社會地位⑤。由此可知，人類是一種偏好簡單、光憑名字好不好念就能決定喜好的生物。

野獸討厭困難事物的主因，是不想浪費能量。

我們的祖先居住在原始社會中，如何有效運用珍貴的體內能量，是攸關性命的重要問題。食物短缺、快要餓死時、突遭猛獸襲擊時、罹患傳染病需要療養時……遇到這類情況時，若沒有事先儲存能量，人類絕對會一命嗚呼。

於是，人類演化出盡全力儲存能量的本能。除了不隨意浪費體內能量以外，腦內也多了一道反射性逃離難題的機制，使我們面對需要消耗腦力的作業時，依然會想盡辦法確保體內能量。

想當然耳，這道機制會對專注力造成莫大的傷害。

在複雜的現代社會中，人類無時無刻都面臨巨大的壓力。儘管如此，人類的原始本能卻厭惡複雜的作業，以致於我們無法專心面對眼前的工作。

第2個特徵「對任何刺激都有反應」

野獸的第2個特徵是「對任何刺激都有反應」。就像前面提到的，人腦很容易被誘惑，但分散野獸注意力的誘因，可不光是點心、手機等近在眼前的東西而已。

我們會在不知不覺間受到無數的小刺激，根據某項統計結果，大腦每秒鐘接收到的資訊量超過一千一百萬件⑥，包括遠方傳來的細微引擎聲、螢幕上的黑點、兩小時前接到無顯示來電的記憶、不舒服的腰痛等，人腦隨時都沉浸在龐大的資訊中。

當我們專心投入眼前的作業時，這些刺激並不會造成威脅，但只要稍一分心，野獸就會在無意間注意到這些刺激。明明上一秒還在埋首苦讀，下一秒卻開始覺得頭癢，或沒來由地擔心起明天的作業。我們無法預測野獸會有怎樣的反應，也很難擺脫分心狀態、重新集中精神。

之所以會有這些問題，**正是因為野獸對情報擁有絕佳的平行處理能力，一旦少了野獸的情報處理能力，人類就無法正常過活。**

舉個例子，假設你在路上遇到認識的人，此時野獸會先啟動表情認知機制，從容貌、聲音等情報判斷眼前的人是誰。接著開啟搜尋機制，搜尋你與對方有過怎樣的對話、對方個性如何等舊資料。

這是何等驚人的能力！若只靠意識處理所有情報，可能等到天都黑了雙方才有辦法開始對話。

不過，這種能力卻會對「專注力」造成嚴重的負面影響。由於野獸的能力適合運用在原始環境，因此對食物、性、暴力等肉體刺激非常沒有抵抗力。畢竟，能確保儲存大量糧食、與配偶繁衍後代、降低生病和受傷風險的人，才是最適合在原始環境中生存的人，因此野獸刻意優先進化視覺、嗅覺、聽覺、觸覺和味覺這五感。

在這樣的情況下，無論你多努力想集中精神，只要腦中一浮現出喜歡的人或點心，就只能舉白旗投降了。此時，磨練了六百萬年的生存機制會自動開啟，瞬間切換你的意識開關。

第3個特徵「力大無窮」

野獸的最後一個特徵是「力大無窮」。前面也有提過，**野獸每秒鐘能處理一千一百萬件資訊，擁有瞬間奪取宿主身體的力量**。野獸能用迅雷不及掩耳的速度奪取你的身體，當你看到美味的料理照片後，野獸會立刻啟動食慾、奪取你的意識，整段過程只需要百分之一秒的時間。反射神經運作如此迅速，我們幾乎不可能憑意志力駕馭野獸。

遭到野獸奪取意識的人類，會做出怎樣的行為呢？看看部分十多歲年輕人的行為應該就能明白，像是未成年染上菸癮、輕率地搭訕異性……。

青春期的腦部變化始於掌控肌肉的小腦，等到能產生愉悅感的依核等部位發育完成後，前額葉才會逐漸發展成熟。十多歲青少年還處在野獸的強烈支配之下，容易做出旁人眼中的衝動行為；再加上十多歲時性激素分泌旺盛，容易不服管教，宛如一輛有油門、沒剎車的汽車。但相信大家應該都心知肚明，就算前額葉已經發展成熟，還是不能放鬆警戒。無論平時多麼成熟穩重，三杯黃湯下肚後依然會把理性拋諸腦後。

其實倒也不意外。早在六百萬年前，猴子便進化成人類的祖先，但一直到二十萬年前，智人才終於理解抽象思考。也就是說，自從人類誕生以來，有約九六．七%的時間都受到獸性支配，而野獸也在這段漫長的時光，不斷累積力量。一旦遭到野獸支配，我們便束手無策。遭到野獸支配的人類，跟喪失理性的人偶沒兩樣。

4 「馴獸師」重視邏輯，食量大卻手無縛雞之力……

第1個特徵「把邏輯當成戰鬥的武器」

面對力大無窮的野獸，演化的壓力為馴獸師帶來怎樣的力量呢？接著，讓我們來探討馴獸師的生態吧！

馴獸師的特徵跟野獸幾乎完全相反：

(1) 把邏輯當成戰鬥的武器
(2) 能量消耗極大

(3) 力量薄弱

首先，馴獸師會把「邏輯」當成武器。狂暴的野獸必須有人制止，此時馴獸師會用理性思考與其一決勝負。

舉例來說，當你讀書讀到一半，突然想起冰箱裡的蛋糕時，體內的野獸便會趁機發出「快去吃蛋糕」的指示，讓你的專注力瀕臨潰散。這時，馴獸師會給出合理的反對意見，阻止野獸暴衝。

「現在吃了會發胖，你會後悔喔！」
「若現在分散注意力，下週的考試就危險了！」

馴獸師會馬上提出正論，試圖拉回野獸的注意力。

不過，在擁有野性速度與傲人力量的野獸面前，馴獸師的力量相對薄弱。前面提過，野獸擁有絕佳的情報平行處理能力，相較之下，**馴獸師卻只懂得序列處理**。當馴獸師接收到「冰箱裡有好吃的蛋糕」的訊息時，會先自問「吃了蛋糕後會發生什麼事？」並得到「可能會變胖」的答案，接著馴獸師開始思考「發胖後會發生什麼事？」最終導出「在意他人的眼光」、「覺得不好意思」等結論。

這樣循序漸進思考單一訊息，是序列處理最大的特徵。若用電腦的硬體來比喻，野獸就像擁有多核心CPU，馴獸師則像擁有單核心CPU。正因如此，馴獸師的反應力永遠比不上野獸。

儘管如此，序列處理依然具有一定的優勢。

野獸雖能同時處理大量訊息，卻無法串聯複數訊息。接收到「冰箱裡有蛋糕」的訊息時，野獸只會發出「快去吃」的指示，卻無法連結到「現在不讀書會怎樣？」或「吃了會對體型造成怎樣的影響？」等其他訊息，也無法編織出合情合理的故事。

單憑氣勢的獸性反應會讓人短視近利，走向錯誤的道路。明知必須儲蓄卻外出旅行、明知必須專心讀書卻放肆玩樂，這些不合理的行動都是出自不懂得序列處理的野獸。

第2個特徵「能量消耗極大」

「能量消耗極大」也是馴獸師的重要特徵之一。野獸的行動不太需要消耗能量，幾乎不會對思考力造成負擔；馴獸師的行動會使腦部系統承受巨大負擔，耗費更多能量。

畢竟，相較於一昧撲向眼前慾望的野獸，馴獸師需要連結多項資訊展開思考。

如此耗力的工作，當然需要投入極大的能量。

此時，**馴獸師必須大幅仰賴腦內的工作記憶**。

工作記憶是大腦功能之一，能記錄極短期記憶，暫時存放訊息的中途處理結果，就像是大腦中的筆記本，是長時間對話、背購物清單、心算等情況下不可缺少的功能。

大腦在接收到情報後，必須利用工作記憶進行序列處理。為了從「冰箱裡有蛋糕」的訊息延伸出「吃了會胖→不想變胖→忍住不吃」的一連串思考流程，大腦必須在短時間內臨時存放多筆訊息，並利用中途處理結果導出最終結論。

可惜的是，工作記憶的容量有限，單次只能儲存三～四個訊息⑦。假設接收到「吃蛋糕後會怎樣呢？」的訊息後，產生了「會胖」、「會不好意思」、「會滿足」、「會後悔」這四個結果，就難以進行更進一步的處理。

反觀野獸，行動時不必仰賴工作記憶，「有蛋糕就吃掉」、「遇到猛獸就逃跑」，野獸的反應非常單純，不做複雜處理，能立刻得到反饋。此行動機制也是導致馴獸師落居下風的因素之一。

工作記憶受到限制的原因尚待釐清，唯一確信的是，馴獸師不僅必須在遭到極大束縛的情況下進行訊息處理，還得消耗比野獸更多的能量。若想維持專注力，就必須突破這個不利的狀況，想辦法戰勝野獸。

第3個特徵「力量微弱」

關於「力量微弱」這個特徵，應該不必多說吧！馴獸師不僅沒有足以應付突發狀況的敏捷力，還得耗費極大能量才能與野獸一搏，就連最大的武器「邏輯」也像一把鈍刀，交戰結果顯而易見。儘管這是人類自然演化而成的成果，對現代人來說卻是個艱困的結局。

5 提升專注力的3個須知

綜合前述內容，我們能得到3個提升專注力的重要須知。

第1個須知：馴獸師壓制不了野獸
第2個須知：沒有擅長集中精神的人
第3個須知：帶領野獸走向正途才能得到巨大力量

馴獸師壓制不了野獸

首先希望大家牢記的是，馴獸師不可能戰勝野獸。

前面已經提過好幾次，野獸跟馴獸師的戰力天差地遠，一旦正面對決，戰況肯定會一面倒。我們只能大方承認這個事實，就算不死心四處討教戰鬥訣竅，也得不到明顯成效，只會徒增失望而已。為了避免如此，大家必須銘記「沒有能輕鬆提升專注力的捷徑」這個事實。

接著，我們必定能透過第一個道理得到第二個道理，那就是「這世界上並沒有擅長集中精神的人」。

如前所述，哪怕是戰績輝煌的偉人，對上野獸也是屢戰屢敗。專注力低落的問題，某方面而言是無可奈何的。

野獸與馴獸師之間的戰鬥，橫跨了六百萬年，宛如人類大腦中根深柢固的核心。或許當人類再次演化，馴獸師便能獲得更強大的力量，但對現在的我們來說，一切都只是空談，我們只能利用現有的舊型作業系統，想辦法生存下去。

或許有些人天生具備良好的專注控制力，但也只是輸多輸少的差別而已。野獸和馴獸師會在每個人的腦中展開激戰，沒人躲得了這個問題。

既然馴獸師這麼弱小，想提升專注力根本是天方夜譚，果然還是只有天生才氣縱橫的高效能人才方能戰勝，像我們這種平庸之輩，該不會終其一生都只能任由野獸擺布了吧？

當然沒這回事。就算正面對決沒有獲勝的可能性，也有專屬於弱者的戰鬥方式，也就是活用馴獸師的武器「邏輯」，抓準時機哄騙野獸，想辦法拉攏牠，並適時制定策略、攻其不備。

此時需要運用第三個須知「帶領野獸走向正途才能得到巨大力量」。

其實野獸本來就對我們沒有敵意。在原始社會中，野獸強大的力量能拯救人類脫離危機，為人類賦予確保必要能量的動機，是人類造就眼下繁榮光景的原動力。

問題是這股獸性力量，無法在資訊爆炸的現代社會中發揮萬全的功能。

原始社會無法比擬的豐富糧食、過度放大危機的即時新聞、激發認同感的社群網站、瞬間滿足所有慾望的購物網站、刺激原始欲望的色情網站，這些現代社會中的強烈刺激，都會使野獸做出劇烈反應，摧毀我們的專注力。

憑著認知心理研究榮獲諾貝爾獎的天才赫伯特．西蒙，早在三十年前就預見這個問題。「資訊會消耗接收者的專注力，資訊量愈龐大，專注力剩愈少，而且這些僅存的專注力還會被分配出去，不斷遭到消耗。」

過去理想的行動機制到了現代卻成為失敗的主因，宛如撲火喪命的飛蛾。既然如此，我們只能學會與野獸的相處之道，聰明引導野獸發揮天生蠻力，放棄與野獸正面對決，尋找有效活用其力量的方法。

引導野獸，一口氣超越對手

引導野獸發揮力量的作業，跟整治洪水極為相似。河川一旦氾濫，人類就束手無策了，只能眼睜睜看著電線和水管遭到摧毀、房屋和橋樑被水沖走。洪水的破壞力簡直無窮無盡。不過，若能在河川氾濫前蓋好巨大的堤防，在上游建造水庫，就能有效引導水流，甚至還能利用水庫儲水，將水力轉換成電力。

跟野獸相處也是如此。若馴獸師能提前鋪好誘導的道路，就能將野獸的巨大力量引導至目標方向。

從下一章起，我會跟大家介紹具科學根據的野獸誘導技巧，又名「野獸的飼養指南」。

當然，馴服野獸絕非易事。從前述高效能人才研究，我們知道能在工作中發揮超群專注力的人，只佔了全體的五％而已，與野獸相處正是一件如此困難的事情。

但相對的，馴服野獸後也能獲得同等回饋。前面提到的認知心理學家赫伯特・西蒙也曾說過：**「在資訊爆炸的社會中，人類的專注力才能成為最重要的資產。」**

日常生活中接觸到的資訊量愈多，野獸愈容易暴動，削弱愈多的專注力。在這樣的社會中，最大的資產家並非有錢有勢的權貴，而是擁有專注力的人。若你能落實本書的內容，將體內的野獸之力據為己有，等於獲得現代社會最重要的資產，而這正是「專注力」最大的優勢。

Chapter

1

給野獸餵餌

～提升腦力的營養食品和飲食法～

1 能使醒腦作用倍增的簡易咖啡因攝取法

研究結果證實，咖啡因的成效最佳

為了跟野獸好好相處，我們必須先「填飽肚子」，調整每日飲食內容、餵野獸吃最合適的飼料，這將成為提升專注力的基礎。

如前章所述，野獸生來的使命之一是確保「糧食」，囤積必要的熱量及養分。因此，在沒有攝取適當飲食的情況下，野獸不會輕易轉移對糧食的注意力，因此無法專心在我們希望牠專注的地方。

在進入理想的飲食方式前，我會先透過本章介紹簡單的咖啡因攝取方式。雖然市面上有很多主打「醒腦」的營養食品，但實際上，沒有任何成分的醒腦效果能超越咖啡因。

舉例來說，曾經流行過一陣子、號稱能提升專注力的合法藥物「聰明藥」（Piracetam），只有類似心理作用的效果；在日本很受歡迎的銀杏葉精華，也只對輕度失智患者有效，想提升專注力的一般人飲用，其實得不到任何成效[①]。

但咖啡因就不同了。已有多項研究證實咖啡因的醒腦作用，科學界對咖啡因的成效有以下的共識[②]：

- **攝取一五〇～二〇〇毫克的咖啡因三十分鐘後，疲勞感能獲得緩解，專注力的持續時間也會延長**
- **咖啡因帶來的專注力提升效果為基準值的五％左右**

姑且不論數值的細微差異，基本上只要攝取一罐咖啡的咖啡因，專注力就會有所提升。

乍看之下，提升五％左右的專注力似乎沒什麼大不了，其實絕非如此。德國一項研究針對三十九名西洋棋棋手進行調查，發現棋手們攝取二〇〇毫克咖啡因後，不僅專注力提升，連勝率都比服用安慰劑時高出六～八％[3]。若此勝率發揮在真正的比賽上，棋手的世界排名將從五千名上升到三千名。雖然專注力只提升少少幾個百分比，實際得到的回饋卻無可限量。

遵循5大原則改變攝取方式，就能將醒腦作用提升到最強！

咖啡因會對大腦產生強烈的影響，本就是該謹慎攝取的物質，但咖啡因早已融入日常生活，我們很容易對它放鬆警戒。然而，搞錯攝取方式不僅無法獲得理想成效，也容易被副作用纏身。

攝取咖啡因時，應注意以下幾個重點：

❶不要一次喝兩瓶（咖啡因四〇〇毫克）以上罐裝咖啡

大半研究都表明，咖啡因的好處會在攝取超過三〇〇毫克後逐漸遞減，當攝取量超過四〇〇毫克時，副作用會開始顯現。具體表現包括不安及煩躁感增加、頭痛、短期記憶力降低等。人體對咖啡因的敏感度因人而異，無法制定攝取標準，但以平均來說，喝咖啡時一次攝入量最好小於兩瓶罐裝咖啡。

❷喝咖啡時搭配牛奶或鮮奶油

天生不耐咖啡因，才喝幾口就心跳加快的人，可以在咖啡裡添加牛奶或鮮奶油。脂肪能減緩咖啡因在體內的吸收速度，達到溫和醒腦的效果④。搭配任何脂肪一同飲用都沒問題，用優格或起司配黑咖啡也是不錯的方法。

❸ 起床後九十分鐘內不要攝取咖啡因

很多人習慣一早醒來喝咖啡提神，但從提升專注力的觀點來看，這樣的行為並不妥當。

人類的身體會在早上六點左右自然分泌覺醒荷爾蒙皮質醇，幫助我們慢慢清醒，相當於人體的天然鬧鐘。起床後立刻攝取咖啡因，加上皮質醇的覺醒功能，等於給腦部過度刺激，容易引來心跳加快、煩躁、增加頭痛風險等副作用。

通常皮質醇會在起床九十分鐘後開始減少，此時是喝咖啡的最佳時機。這樣不會干擾皮質醇的覺醒功能，才能良好地發揮咖啡因的提神效用。

❹ 利用美國陸軍研發的排程系統「2B-ALERT」

攝取咖啡因時，最令人煩惱的問題莫過於攝取量和攝取時間。

若長期過量攝取，大腦會習慣咖啡因的刺激，降低醒腦效果。就像長期喝能量飲料後，提神作用會減弱，想得到跟以往同等效果的人，只能不斷增加攝取量一樣，這種惡性循環也常見於咖啡因愛好者。

攝取咖啡因的時間點也非常重要。若沒有謹慎計算，隨便隔一段時間就喝咖啡，咖啡因的成效也會降低。當血液中的咖啡因濃度達到巔峰狀態時，繼續追加咖啡因，身體將無法及時分解。想得到最理想的提神作用，必須先算出咖啡因的半衰期，適時補充不足的咖啡因量。

此時可以利用「2B-ALERT」。

「2B-ALERT」是美國陸軍研究機構提供的網路服務，研發目的是為了將單次咖啡因攝取量降到最低，同時得到最佳的提神效果。研究機構調查了跟咖啡因有關的先行研究後，統整出能將提神作用最大化的演算法。

在測試「2B-ALERT」正當性的實驗中，他們發現使用者的專注力提升了一〇～六四％，咖啡因攝取量減少了六五％[5]，成果相當驚人。

只要登錄電子信箱，任何人都能使用「2B-ALERT」的服務。進入網站後，請從畫面右方的「睡眠記錄」輸入前晚的就寢和起床時間。輸入後，畫面下方的「排程」欄位會顯示適合你的咖啡因攝取時間及攝入量。此攝入量是根據個人睡眠債的份量推算而來。

喝咖啡前從沒深思過的人，請試著利用「2B-ALERT」找出最適合自己的咖啡因攝取方式，獲得更勝以往的提神效果。

❺ 搭配綠茶中的放鬆成分「茶氨酸」一起飲用

茶氨酸是一種常見於綠茶的胺基酸，自古便以放鬆效果聞名。服用五〇～二〇〇毫克約四十分鐘後，大腦 α 波活性會增強，幫助情緒逐漸緩和。

事實上，近幾年人們開始探討同時攝取茶氨酸及咖啡因以提升專注力的可能性。佩拉德尼亞大學的實驗結果表明，同時服用茶氨酸及咖啡因的實驗對象，專注力比只服用咖啡因的實驗對象高出四％[6]。

此現象應歸功於茶氨酸的放鬆作用。茶氨酸消除了咖啡因的副作用，留下提神效果。雖然這只是個小規模實驗，有待後續驗證，但對想提升專注力的人來說，依然值得一試。

此實驗使用的成分量為咖啡因二〇〇毫克及茶氨酸一六〇毫克。儘管綠茶裡同時含有這兩種成分，但必須一口氣灌下六～十杯，才能得到與實驗同等的效果。靠市售茶飲提升專注力並非天方夜譚，只是難度有點高。

想重現此實驗的人，不妨利用營養補充品。市面上有販售膠囊狀的咖啡因和茶氨酸，有興趣不妨上網搜尋。

2 光靠進食就能提升腦機能的魔法飲食法

橄欖油、蔬菜、魚類……，靠「地中海飲食」提高專注力！

理解咖啡因的攝取方式後，接著來看能有效提高專注力的飲食法。我們的大腦要吸收適當養分後才會運作，若沒有養成正確的飲食習慣，好不容易學會的心理技巧將無用武之地。

咖啡因確實能帶來良好的提神效果，但它的正確定位是專注力的增幅器。先參考本節介紹的飲食法，餵野獸合適的飼料至少兩週，觀察自己的專注力會出現怎樣的變化，再來積極活用咖啡因的功效。

身處繁忙社會的現代人很容易忽略飲食的重要性。

在公司裡吃現成的便當或速食解決午餐、工作時肚子餓了隨手抓零食來吃、回家後吃冷凍食品當晚餐……。儘管當下能果腹，卻沒有補充到身體真正需要的養分，不管吃得再多，野獸依舊飢腸轆轆。最終，野獸將耗盡能量，無法發揮與生俱來的巨大力量。

古羅馬哲學家塞內卡曾說過：「自立的第一步始於滿足的胃。」

近年來，探討「飲食與專注力」的研究持續推進，出現了許多值得信賴的研究報告。其中有份相當有趣的報告，是迪肯大學在二〇一六年發表的系統綜述⑦。研究團隊整理十八篇關於「地中海飲食」的研究，針對「能否靠飲食提高專注力」的問題給出準確度極高的答案。

「地中海飲食」是發祥於義大利及希臘的傳統飲食，飲食方式為大量攝取蔬菜、水果、魚類、橄欖油等食材，徹底排除快餐及速食。經典菜色包括全麥千層麵、水煮鮭魚、番茄菲達沙拉等。

這種字面上看起來就很健康的飲食法，不光能改善身體狀況而已。我們先從論文的大結論來看起：

- **徹底採取地中海飲食，能改善腦功能，有效提升工作記憶、注意持續力、自我控制力等能力。**
- **經確認，其效果適應於各國籍、性別、年齡的人身上。**

就像前面提到的，「專注力」是結合工作記憶、注意力等能力的綜合型能力。**也就是說，此研究結果顯示，只要落實健康飲食，任何人都能提高專注力。**

當然，這些資料都屬於觀察研究，無法完全證實地中海飲食提高專注力的絕對效用，這點仍須特別注意。不過，腦功能會受到飲食影響，幾乎是無庸置疑的事實。當我們思考「該餵野獸吃什麼」時，這項事實更能帶給我們不少靈感。

鍛鍊腦部基礎體力的必要營養成分

儘管科學家尚未解謎飲食為何能提升專注力，當代科學界依然很重視下列營養成分[8]：

- **鐵、鋅、鎂等礦物質**
- **維生素D**
- **葉酸、維生素B12**
- **Omega-3脂肪酸**
- **膽鹼**
- **必需胺基酸**
- **S-腺苷甲硫氨酸**

這些都是維持腦部機能不可或缺的成分，一旦缺乏恐引起憂鬱症或情緒控制失調，對精神面造成負面影響。由此可知，正確的飲食可說是提升專注力的基礎。

然而，光是嘴巴上說「要吃大腦喜歡的東西」，實際上很難得到效果吧！想用必要養分滿足大腦時，必須依照更具體且容易實踐的飲食指南。

本書要介紹給大家的是「ＭＩＮＤ」（麥得）飲食法。

「ＭＩＮＤ」是「Mediterranean-DASH Intervention for Neurodegenerative Delay」飲食指南的簡稱，直譯為「干預神經組織退化延遲的地中海&得舒飲食」。

雖然這名字看似高不可攀，但大家只要明白這是「為了避免大腦退化而研發的飲食法」就行了。「ＭＩＮＤ」的特徵是從營養學的觀點出發，強化前面介紹的

「地中海飲食」，將飲食作用於腦部的效果提升到最高。

「ＭＩＮＤ」在延緩大腦退化上獲得相當的好評。根據芝加哥若許大學的實驗結果，「ＭＩＮＤ」能改善一一％憂鬱症、降低五三％阿茲海默症發病率⑨。若想用具科學根據的手段保養大腦，「ＭＩＮＤ」絕對值得率先嘗試。

維持益腦飲食的超簡單3大原則「ＭＩＮＤ」

「ＭＩＮＤ」主要是由３大原則構成：

(1) 增加有益大腦的食品
(2) 減少有害大腦的食品
(3) 不限制熱量

不需要減少飲食份量，吃到撐也沒問題。「有害大腦的食品」也只要減少到標準值即可，不必從每日飲食生活中完全剔除。

「ＭＩＮＤ」認定的「有益大腦的食品」為圖1表格介紹的十大類食品。

原則上必須先養成攝取這些食材的習慣。只要餐餐都以「ＭＩＮＤ」推薦的食材為主，就算沒有特別留意營養均衡，依然能攝取到大腦活動所需的養分。

然而，光從文字描述其實不容易掌握一份的份量，請務必用雙手確認，也就是所謂的「手算份量」。

「ＭＩＮＤ」一餐的估算份量如下：

- **全麥穀物、莓果類＝約一個拳頭**
- **葉菜類、其他蔬菜（生菜的情況）＝約能置於雙手手心**
- **禽肉、魚類、肉類＝約能置於單手手心**

▼圖 1　有益大腦的 10 大類食品

類型	範例	建議攝取量	手算份量
全麥穀物	糙米、燕麥、藜麥等	每週21份（1日3餐，1份＝125g）	約1個拳頭
葉菜類	菠菜、羽衣甘藍、萵苣、青江菜等	每日1份（1份＝生菜150g、熟菜75g）	約能置於雙手手心
堅果類	核桃、夏威夷果、杏仁等	每日1份（1份＝20g）	約1隻大拇指
豆類	小扁豆、大豆、鷹嘴豆等	每日1份（1份＝60g）	約能置於單手手心
莓果類	藍莓、草莓、覆盆莓等	每週2份（1份＝50g）	約1個拳頭
禽肉	雞、鴨類等	每週2份（1份＝85g）	約能置於單手手心
其他蔬菜	洋蔥、青花菜、紅蘿蔔等	每日1份（1份＝生菜150g、熟菜75g）	約能置於雙手手心
魚類	鮭魚、鯖魚、鱒魚、鯡魚等	每週1份（1份＝120g）	約能置於單手手心
酒類	主要為紅酒	每日最多1杯（150ml）。不會喝酒的人不喝也沒關係	
特級初榨橄欖油	—	作為烹飪油或沾醬使用	約1隻大拇指

▼圖 2　有害大腦的 7 大類食品

類型	攝取上限
奶油和乳瑪琳	1日最多1小匙
點心、零食類	每週最多5份（1份為1包洋芋片）
紅肉、加工肉	每週最多400g
起司	每週最多80g
油炸食品	每週最多1份（1份為1份炸雞）
速食	每週最多1次
外食	每週最多1次

・堅果類、橄欖油＝約一隻大拇指

儘管手算份量無法測量準確的重量，但誤差通常不超過二五％。況且多數研究報告證實，只要遵守七成左右的「MIND」飲食量，即可有效改善腦功能，手算份量的實用性絕對沒問題。

圖2表格是「MIND」認定的「有害大腦的食品」。

請盡量減少以上食品的攝取

量。雖然不需要完全禁止拉麵、漢堡等食物，但一週頂多吃一次就好了。此外，「MIND」沒有明確規定用餐時間，早上沒胃口時不吃早餐也沒關係，很晚下班才吃晚餐也沒問題。

若每天都能在固定時間用餐當然最理想，但我們也不必把自己搞得神經兮兮，請把心思放在食品攝取量上，調整有益、有害大腦的食品間的平衡。

臨床實驗的報告結果顯示，遵守「MIND」飲食指南四～八週後，腦功能會有好轉的跡象⑩。請大家務必善用此飲食指南，用飲食保護大腦健康。

「MIND」的飲食範例

- 早餐範例

鋼切燕麥配藍莓和杏仁

菠菜、羽衣甘藍和蘑菇義式烘蛋

● 午餐範例

糙米

雞肉、番茄、大豆和根莖類炒物

羽衣甘藍、藜麥、杏仁、番茄和青花菜沙拉，佐橄欖油、蘋果醋混合醬汁

● 晚餐範例

碎核桃烤鮭魚

紅酒一杯

雞胸肉、青花菜和腰果沙拉

3 「飲食日記」是改變大腦的最佳手段

不易對不良食物成癮，養成強大飲食習慣的方法

熟記能有效提升專注力的食品後，不妨來嘗試記錄自己每天的「MIND」實施程度，將成果轉換為實際數值。有些人或許會嫌麻煩，但留記錄與否將大幅影響「MIND」的成效。

以雪菲爾大學的研究為例[11]。此研究從調查「記錄成效」的先行研究中，收集一萬九千九百五十一人的資料，進行統計處理，完成整合分析，科學可信度極高。

此研究主要探討「能否靠記錄改善健康」，調查記錄會對減肥、禁菸和飲食生

活帶來哪些影響，結果發現了兩大結論：

- **有認真記錄每天生活的人，健康飲食量會增加**
- **記錄的次數愈多，飲食習慣會有愈明顯的改善**

每天或多或少留下一些記錄，絕對能提升「ＭＩＮＤ」的成效。此研究的報告顯示，記錄的綜合效果量為「d＋＝0.40」，以心理技巧而言，這是個極高的數值。

記錄能創造理想成效的原因，跟野獸「討厭困難事物」的個性息息相關。

對偏好單純事物的野獸來說，「吃有益大腦的食物」的指令過於抽象，況且「ＭＩＮＤ」的成效要等一段時間後才會顯現出來。這個事實對短視近利的野獸來說太過痛苦，以致於產生「隨便吃一吃補充熱量不就好了？」、「保持原來的飲食方式就可以了吧？」等想法。

還有一個難題是，野獸對長期目標興趣缺缺，沒兩下子就會忘記「ＭＩＮＤ」的目標。無論馴獸師多賣力地命令野獸「提升專注力」，一旦野獸冒出「為什麼非得改變飲食生活不可」的疑問，我們的心血就會付之一炬，直接被野獸拖回原本的飲食生活。

「記錄」能幫我們解決這些問題。

記錄每天的行動，能使自己的目標進展狀況更一目瞭然，還能培養出等待成果的耐心。而且每次記錄都等於重新提醒野獸目標的存在，不用擔心野獸忘記目標。

若有辦法持續實施「ＭＩＮＤ」，不留下記錄當然沒問題，但恐怕只有少數人能迅速改變長年養成的飲食習慣。請大家務必將記錄的力量融入日常生活中。

光是在月曆上把「遵守日」打圈就能得到效果

接著來看看具體的記錄方法吧！

有好幾種記錄法都能提升「ＭＩＮＤ」的成效，在此由淺入深介紹3種最具代表性的方法。尚未養成記錄習慣的人，請先從最簡單的方法開始著手。

難度等級①　單純確認

最簡單的方法是在月曆上把有遵守「ＭＩＮＤ」指南的日期打圈。光是這個動作，就能掌握自己目前的進度和目標，也能提升野獸的動力。

也可以只在「沒吃有害大腦的食品」的日期打圈。大量攝取有益腦部的養分固然重要，但少吃有害大腦的食品，同樣能輕鬆提升專注力。

此外，多項研究顯示，比起輸入文字，提筆書寫能得到更理想的記錄成效⑫。若你有喜愛的筆記本或月曆，不妨在上面留下記錄。

不過，若嫌手寫太麻煩而懶得記錄，那可就本末倒置了，適時運用電子裝置也無妨。想用電子裝置記錄時，可利用「Streaks」或「Momentum Habit Tracker」等記錄用APP。

難度等級② MIND評分表

用評分表確認每日飲食生活是否有遵照MIND指南。攝取「有益大腦的食品」時加分，攝取「有害大腦的食品」時扣分。

各類食品的分數如圖3表格所示。

記錄分數時，不需要精算「今天吃了幾克的蔬菜」，只要參考先前介紹的「手算份量」，知道自己「今天吃了能放在雙手手掌上的萵苣，所以今天過關了」

▼圖 3　MIND 評分表

有益大腦的食品	分數
全麥粉食品	+1
葉菜類	+5
堅果類	+2
豆類	+3
禽肉類	+2
其他蔬菜	+5
魚類	+4
紅酒（1杯以內）	+1

有害大腦的食品	分數
奶油、乳瑪琳	-3
甜點、零食類	-5
紅肉、加工肉	-3
起司	-1
炸物	-5
速食	-5
外食	-3
紅酒（超過1杯）	-3

即可。

野獸很健忘，不記得自己平常吃了哪些東西，還有可能會誇大記憶，例如：自以為「這週吃了很多蔬菜很健康」，其實只吃了定食附的小沙拉而已，或是忘記肚子餓時吃了洋芋片當點心。

某項研究召集了減肥遇到瓶頸的男女，詳細記錄他們的飲食生活。結果發現，多數參加者雖然嘴巴上說：「我一天吃不到一千兩百卡。」、「我沒在吃零食，幾乎都吃蔬菜。」實際攝取的平均熱量卻比本人的推測值多出四七％，實際攝取的蔬菜量也比本人的推測值少了五一％[13]。

你體內的野獸不但對飲食沒有正確的記憶，還會一臉淡然地扭曲對自己不利的事實。解決這個問題的唯一方法，就是準確掌握每天的飲食數值。

難度等級③ 專注力日誌＋評分表

在採取等級2「MIND評分表」的同時，記錄專注力的變化。每小時回顧一次「自己的專心程度」，以滿分十分來計分。

專心分數以主觀判斷即可，基本上「專心到完全沒察覺周圍發生的事情」打十分、「專心程度跟平常差不多」打五分、「手邊作業幾乎沒有進展」打零分。

也許有人會質疑，「憑主觀打分數真的沒問題嗎？」其實這是心理治療也有採用的正統技術。就算是個人主觀認知，依然能推估一定程度的專注力變動模式。

順帶一提，我使用此方法時，還會把輸入在 Excel 的數值做成折線圖。雖然有分數就已經相當足夠，但做成折線圖更容易看出專注力的變動，非常方便，不嫌麻煩的人不妨一試。

持續記錄專注力日誌至少一星期後，跟ＭＩＮＤ評分表交叉比較。**此時希望大家把重心放在評分表分數與專注力日誌的比對結果。**

攝取有益大腦的食品後，專注力有發生什麼變化嗎？若專注力有提升，那是在攝取特定食品幾分鐘後呢？攝取有害大腦的食品後，生產效能上升還是下降了呢？吃零食會產生能量嗎？

反覆對照這兩份記錄，一步步深入理解飲食與專注力的關聯性，找出兩者之間的關聯後，我們會更有動力落實ＭＩＮＤ。

Chapter

2

報酬的預感

～操縱腦內激素的目標設定奧義～

1 奪取令人瘋狂著迷的「遊戲」之力！

讓人類歷史陷入混亂的骰子、撲克牌和稀有道具

二〇一一年，有名二十歲英國男性在玩電腦遊戲時突然失去意識，就此撒手人寰。

從男性的存檔記錄來看，他已經連續玩超過十二個小時。引發猝死的原因是長時間維持同樣姿勢，體內水分驟減、血液凝結，堵塞在心臟和肺動脈之間。

近年來類似的死亡事件頻傳，二〇〇二年有名連續玩遊戲八十六小時的韓國男

性死亡，二〇一五年也有名連續玩遊戲二十二天的俄羅斯少年猝死。這些案例的玩家，幾乎都只有在進食和上廁所時才會活動身體，血液長時間滯留在下半身，進而導致死亡。

WHO察覺事態嚴重，在二〇一九年正式將「遊戲成癮」歸類為疾病，認定妨礙到日常生活的遊戲成癮行為屬於疾病之一。儘管這項決定受到不少批判，但如今各國的組織機構確實都被這個問題追著跑。

姑且不論遊戲的功與過，大家不覺得這個現象很奇妙嗎？

從序章能得知，野獸的原始目的是「維持個體機能」，保護自身生命不受威脅、承擔人類繁衍的重任。既然如此，為何野獸卻會驅使人體玩遊戲，導致玩家喪命呢？為何野獸要投入最大的力量在「玩遊戲」這個無關原始目的的行為呢？從負面角度來說，這確實是「超級專注力」。

探討這個問題前，我們先來回顧人類投注在娛樂發展史上的熱情，其中最簡單好懂的例子是賭博。

賭博歷史悠久，根據記載，古羅馬皇帝卡利古拉、尼祿等人，幾乎天天賭骰子，沉迷到荒廢內政。十六世紀時，英國也掀起一波撲克牌和賽馬熱潮，狂熱到政府甚至立法，規定只有週末才能賭博。

看準賭博魔力的賭場經營者們，從一九六〇年代起，開始在美國鑽研各種吸引野獸目光的技巧。他們用五彩斑斕的霓虹燈外觀吸引野獸注意，撤掉窗戶和時鐘以隔離現實世界，用磅礴音樂和絢爛燈光振奮人心，提供免費的酒精飲料使馴獸師失去理智，時不時煽動能中大獎的希望。

這些司空見慣的賭場光景，全是經過精心設計的手法，目的是誘使野獸暴動。這個龐大的系統，能讓擁有強韌生命維持力的野獸，在受到刺激後，淪為只會揮霍金錢的牽線人偶。

至於更貼近我們日常生活的賭場成癮性，則顯現在現代的遊戲上。用升級的魅力煽動虛構的成就感、用隨機出現的稀有道具加深玩家的期待、用活動的通關報酬刺激繼續遊玩的興致。近年來社群遊戲常見的課金機制，更是跟賭場裡收益率最高的拉霸機如出一轍。

教育學家威廉・巴克利在十九世紀初出版的《教育的技巧》一書中提到，容易影響專注力的代表性干擾源是「精彩的小說」跟「愉快的朋友」。一百年後的今日，人類似乎已經進化到遙不可及的境界了。

遊戲是讓大腦感到舒適的最強科技

遊戲具有如此強大的魅力，是因為開發人員徹底研究了「報酬的提出方式」。

在這個世界上，討厭「獎勵」的人應該很少吧？升職後拿到更多的薪水、在人員考核得到正面評價、在出於興趣參加的活動中獲獎等，自身的行動獲得回報，總能讓人心情雀躍。

不過，在賭場進化的過程中，開發人員們摸索出的最終結論卻是「真正重要的並非報酬本身」。

毫無疑問地，「有莊家的賭局」是世界上最不合理的行動。賭場、賽馬、彩券等大多數賭局的期望值都是負數，即使短期幸運中大獎，在大數法則的作用下，每位玩家終究逃不了敗北的命運。

即使如此，沉迷賭博的人依然多不勝數。造成此現象的原因並非報酬本身吸引人，**只不過是因為莊家「提出報酬的方式」相當巧妙罷了**。拉霸機運用多種技巧擄獲玩家的心，**其中對野獸影響最大的是「差一點就成功的感覺」跟「速度感」**。

「差一點就成功的感覺」表現能讓玩家產生「圖樣差點就能湊齊了」的想法，刺激玩家的興致。離777只差一步，卻怎樣都湊不到最後一個7，賭徒們對這樣的場景應該不陌生吧？

多份資料證實了「差一點就成功的感覺」的成效。使用「差一點就成功的感覺」發生率較高的機台時，每名玩家的平均遊玩時間會增加一〇～二〇%。某項以賭徒為對象的實驗結果顯示，親眼目擊「差一點就成功」的玩家，腦中的興奮程度跟抽到大獎的勝利者不相上下。

「速度感」同樣也是刺激野獸的重要因素。

絕大多數的拉霸機玩一次只需要數秒鐘，遊玩過程中還能不斷獲得獎金，當玩家跟著這個速度玩起來後，野獸會反射性地產生「再玩一下應該能得到更高額的報酬」的想法，愈玩愈起勁。這種「再玩一下」的想法不斷累積之下，玩家恐泡在賭場裡數十個小時。

透過拉霸機的機制，我們發現一個事實：能讓野獸產生最劇烈反應的並非報酬本身，而是「報酬的預感」。

報酬金額當然愈大愈好，但光憑這點仍不足以煽動野獸。能讓野獸產生「只要再堅持一下」、「快要得手了」等想法的「報酬的預感」，才能促使野獸發揮最強大的力量。

這項特性的雛型早在野獸剛誕生的原始時代就已經形成。在數百萬年前的世界中，能夠毫不猶豫撲向眼前報酬的人，才有辦法生存下去。

舉例來說，假設數十公里外有一大群獵物，眼前只有一隻小動物，該先獵捕哪方才好呢？就算因為獵捕小動物而錯失遠方獵物，至少有順利確保一隻獵物，能解決當下的飢渴。

在這樣的環境中進化至今的野獸，體內具備著「必須盡全力抓住有機會立刻得手的報酬」的命令程序。這是一種在無意識間出現的反射動作，無論報酬的種類和數量是否理想，只要產生「報酬的預感」，野獸就會立刻出現反應。

由此可知，**本章最大的重點在於，我們有沒有辦法自我控管「報酬的預感」**。別像沉迷賭場或遊戲一樣，被他人操縱「報酬的預感」，而是要親自掌握野獸的主導權。

能在此時派上用場的小技巧多不勝數，但它們的共通戰術其實相當單純：

(1) 增加有幫助的「報酬的預感」

(2)減少無幫助的「報酬的預感」

盡量避開無益達成自訂目標的報酬，只確保有益的報酬。聽起來很合理。腳踏實地執行這兩個戰術才是成功之道。

2 使你的工作淪為「爛遊戲」的2大因素

接著來看看，哪些方法能提升有益的「報酬的預感」。

知名的拖延心理研究家，卡爾頓大學的提摩西．皮修教授，在二〇〇〇年對學生進行了多項研究，找出容易分心的人常見的兩個特徵[①]：

(1) 無價值作業
(2) 難度錯誤

第一個特徵「無價值作業」指的是會讓人無意間產生「做這項作業的目的到底是什麼」、「做這份工作到底能有什麼收穫」等疑惑。感受不到報酬的價值，當然不可能產生動力。

相信不必多說大家都明白，現代社會的工作內容複雜，只有極少數人能從中感受到價值。

某大規模調查的結果顯示，能從手邊工作感受到價值的人，只佔了全體勞工的三一％。毫無目的只是在浪費時間的會議、跟具體計劃毫不相干的交易、不清楚意義何在的文件作業等。無論是任何人，長期面對這些作業，熱忱都免不了被澆熄。心裡有數的人，一定要好好調整一番。

第二個特徵「難度錯誤」指的是懷疑自己的能力是否符合作業的難度。

遊戲好玩的地方在於難度會隨著關卡逐漸上升，若一開始就冒出最終大魔王，玩家根本不可能獲勝；反之，從頭到尾只有史萊姆能打的ＲＰＧ遊戲，也激不起玩家的玩興。若眼前作業的難度不符合自身能力，野獸當然提不起勁。

關於這項論點，可參考哥倫比亞大學在二〇一六年進行的研究。研究人員要求實驗對象學習西班牙文單字，並將問題分成「困難」、「適中」和「簡單」三種難易度②。

在他們測量學習過程中的專注力等級後，發現學習「適中」單字的小組專注力最高，其次是學習「困難」單字的小組，學習「簡單」單字的小組最不專心。由此可知，不管作業難度太高還是太低，都會導致我們的專注力下降。

此現象被稱為「專注力的最接近領域」。多數人在面對不同難度的作業時，專注力都會像圖4一樣產生變化。若想維持最理想的專注力，就必須將作業難易度維持在「最佳接觸點」。

▼圖 4　專注力的最接近領域

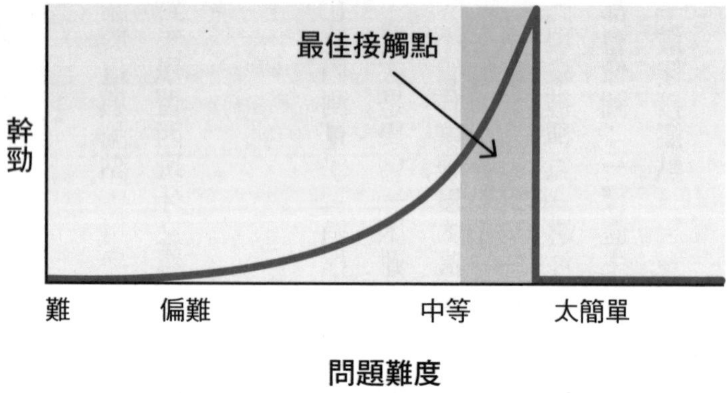

遇到難度出錯的作業時，野獸會出現以下的反應：

- **當作業太困難時＝再怎麼努力也難得到報酬，別理它算了**
- **當作業太容易時＝隨便做也能得到報酬，別理它算了**

不管作業太困難還是太容易，野獸都會喪失幹勁，導致專注力下降。研究團隊表示：「學生無法維持專注力的原因並非能力不足，只不過是難度設定出錯罷了。」換個角度來看，「專注力下降」其實就像野獸發出的訊息，提醒人類目前的作業難度並不適合自己。

3 讓人愛上成就感的作業管理法

報酬感計畫❶「基本設定」

「無價值作業」和「難度錯誤」都是非常棘手的問題，長久以來，各方心理學家持續提出精確的解答。

本章將目前成效最佳的解決對策統整成流程，整理出「報酬感計畫」作業表。

此作業表採用的技巧，是我從一九七〇年代至今的大量研究中精選出，效果特別卓越的技巧。只要照著此表一步步思考，自然能將「報酬的預感」調整到最佳狀

▼圖 5　報酬感計畫　基本設定表

1. 目標	Q. 從無法專心的作業中，找出自己認為最重要的作業並寫在這裡
2. 重要度檢查	Q. 從必須達成上記目標的原因中，找出最重要的原因並寫在這裡
3. 具體形象	將 Q.1 的目標轉換成容易浮出腦海的具體形象
4. 逆向工程	從「達成後的未來」回顧 Q.1 的目標，決定多個短期目標
5. 設定每日任務	從 Q.4 決定的短期目標中，找出最接近期限的目標，思考每天該做哪些事情，才能順利達成目標

態。換句話說，這份作業表就像一場「明星賽」，集合了多項有科學認證的專注力提升技巧。

接著我會逐一說明各項目的填寫方式，以及能佐證這些技巧的科學根據。

進行最初的基本設定前，必須先確認自己無法專心的作業有哪些意義及價值，再來慢慢尋找每天都必須完成的作業。

❶目標

從無法維持專注力的作業中，找出自認最重要的作業，寫進表格裡。除了「製作企畫書」這類跟工作有關的作業以外，「多運動」、「改善飲食」等日常生活目標也沒問題。

很容易分心、不知道為什麼就是不想管、沒心情去動它⋯⋯，請從會讓你產生這些想法的作業中，選出一項作業。

❷ 重要度檢查

思考必須達成此目標的原因後，寫出最重要的原因。

假設目標作業是「製作企畫書」。有些人認為最重要的原因是「對公司有所貢獻」，也有些人的動力來源是「為了賺錢」、「提升在公司內部的評價」，不管怎樣的原因都可以，但請坦率面對自己的心、好好思考。

這種技巧在心理治療的領域被稱為「價值觀目標設定」，能幫助患者提升動力。於此階段再度確認目標的價值，減輕「無價值作業」造成的負面影響。

❸ 具體形象

為階段1選中的目標賦予更具體的形象，盡量轉換成容易在腦中想像的內容。

例：
目標「製作企畫書」→轉換為「把企畫書提交給主管後，放鬆心情去看電影」
目標「天天去慢跑」→轉換為「天天慢跑能增強體力，工作時會更有精神」

此階段是為了彌補「野獸無法理解抽象事物」的弱點。當目標太過抽象時，野獸感受不到最終目的的真實感，絲毫提不起勁。

有份於加州各醫院進行的知名研究，能證實「具體形象」的成效[3]。研究團隊將各醫院分成兩組，分別設定不同的目標。

(1)設定抽象的目標：「給予每位患者最佳待遇」
(2)設定具體的目標：「給予每位患者最佳待遇，讓他們會想推薦給朋友說：『這家醫院超級棒。』」

調查各醫院的業績後，發現結果不出所料。有具體目標的醫院，員工們的專注力較高，患者的滿意度也明顯提升。

思考「具體形象」時，必須留意兩大重點。

(1)不使用專業術語：不用「創造高永續性的社會」，而是改用「讓混合動力車在社會上大流行」等具體的表現方式。除了專業術語以外，也不要用讀者無法一眼看懂的文句。

(2)不使用數字：不說「一年瘦十公斤」，而是要改用「穿得下二十多歲時買的牛仔褲」等表現方式，才能得到更理想的效果。雖然數字是掌握目標達成度的重要指標，但此階段應先把重點放在具體形象上。

❹逆向工程

於此階段設定抵達終點前的中途目標，以及完成日期。需要注意的是，設定短期目標時，不能一如往常地從現在展望未來，而是必須從最終目標的形象回推回現在。

例：目標形象「把企畫書提交給主管後心情舒暢」

逆向工程「在提交企畫書的前一天重新確認內容」→「在前三天寫好內容」→「在前五天想好解決對策」→「在前七天查好所有資料」

例：目標形象「天天慢跑增強體力」

逆向工程「三個月後累積跑一百公里」→「一個月後累積跑二十五公里」→「十四天後累積跑十公里」

中途目標的數量沒有硬性規定，通常會在最終目標前設定三～五個里程碑。若最終目標得花一年以上才有機會達成，每二～三個月就必須設定一個中途目標。

應該不需要重新解釋「中途目標」的成效了吧？在無從得知確切期限的情況

下，厭惡抽象事物的野獸會開始反抗，喪失幹勁。

此外，採取「從最終目標回推到現在」的方式，也能得到附加效果，有助於緩解野獸「討厭抽象事物」的問題。

野獸只對眼前的報酬有興趣，「遙遠的未來」對牠來說只是模糊的概念。很多人之所以要等到火燒屁股才會開始專心，正是因為野獸對「遙遠的未來」這個抽象概念毫無興趣。

因此，當我們設定中途目標時，若從現在展望未來，野獸會覺得遙不可及，瞬間喪失動力；但若是從未來回推到現在，野獸會產生報酬近在眼前的錯覺，更容易提起幹勁。

多項研究報告都顯示，欲達成複雜的目標時，採用「逆向工程」更容易得到理想的成效④。準備證照考試、執行大型計畫案、改善飲食習慣等，欲達成這類長期目標，請務必一試。

❺ 設定每日任務

從「逆向工程」設定好的中途目標中，找出期限最短的目標，思考每天該完成哪些任務，才有辦法達成此目標。

例：中途目標「在前七天查好並分析完所有資料」

每日任務「請教熟悉資料的人」、「從文獻網站收集所需資料」、「熟讀收集到的資料」等

例：中途目標「十四天後累積跑十公里」

每日任務「在跑步機上跑一公里」、「在熟悉的慢跑路線跑兩公里」等

將抵達終點前的所有作業細分，是作業管理的基本原則。至於該分到多細，目前尚無明確的科學證據，基本上大概是「能在數分鐘到一小時內完成」的程度。

以上是基本的設定方法。必須留意的是，這份作業表不能寫完後就置之不理，而是要隨著計畫進展適時修正。一般人最常修正的地方是「每日任務設定」。常有人錯估此階段的細分程度，導致無法專心。

遇到類似問題時，應先回歸「每日任務設定」的階段，仔細分析每個步驟。假設你發現自己無法專心的作業是「條列企畫概要」，請把此作業拆解成二～三個小作業，例如：「從資料中尋找有用的情報」→「將找到的情報條列後統整」等。

作業分得愈細，難度愈低，野獸也愈容易維持「報酬的預感」。請務必積極調整，找出最適合自己的難易度。

報酬感計畫❷「實踐設定」

在基本設定階段列出「每日任務」後，於第2階段實施。由於這些任務通常只需要花費數分鐘到數小時，因此這份工作表天天都能派上用場。

❶選定每日任務

從基本設定階段列出的「每日任務」中，鎖定三～五個「必須當天完成」、「最多花二～三小時就能完成」的任務。

想增加「每日任務」也不是不行，只是數量太多會使野獸陷入混亂。正如第一章所述，馴獸師無法一口氣處理三個以上的情報。一天最多處理五個任務就好，若有空閒時間，再適時追加新任務。

❷ 阻礙對照

寫出想達成這些任務時，可能會遇到的阻礙。

例如：想執行「在跑步機上跑一公里」這項每日任務時，可能會遇到「上班太累不想動」、「忍不住開始看電視」等阻礙。請至少寫出一個阻礙。

毫無頭緒的人，可以先思考以下問題的答案。

- **哪些想法會阻礙目標達成？**
- **哪些行動會阻礙目標達成？**
- **哪些壞習慣會阻礙目標達成？**
- **哪些偏見會阻礙目標達成？**
- **哪些情緒會阻礙目標達成？**

此階段利用了名為「心智對比」的技巧。心智對比已經累積二十多年的實績，能有效激發朝目標努力的動力，提升作業專注力。心智對比的成效驚人，跟只設定目標時相比，達成率能提升二〇〇～三二〇％以上[5]，輕鬆又有效。

「心智對比」之所以能帶來絕佳的效果，是因為野獸「不擅長區分想像和現實」，這項特徵對想提升專注力的人來說猶如一把雙面刃。若能妥善運用此特徵，當然能提升專注力。就像「逆向工程」中提到的，野獸會被具體形象深深吸引，容易湧現出力量。但是，野獸接觸到具體形象後，也有可能會產生這樣的想法：

「反正已經抵達目標了，接下來什麼都不用做了吧？」

把通往終點的過程想像得太鉅細靡遺，害野獸誤以為目標已經達成，這種狀態在心理學界被稱為「正面思考的陷阱」，我們無從推測野獸究竟會出現正面反應還是負面反應[6]。「描繪出理想的未來吧！」、「對自己有信心一點！」這類自我啟發建議容易失敗的原因，就是因為野獸落入了正面思考的陷阱。

▼圖 6　報酬感計畫　實踐設定表

1. 選定每日任務	Q. 從基本設定工作表列出的每日任務中，選出3～5個「必須在當日完成」、「2～3個小時內就能完成」的任務
2. 阻礙對照	Q. 寫出欲完成上記任務時，可能遭遇的阻礙
3. 阻礙排除	Q. 寫出你認為能排除上記阻礙的對策
4. 發問行動	Q. 將步驟1選出的每日任務逐一套入下列的句子內 〔自己的名字〕〔時間〕會在〔地點〕做〔每日任務〕嗎？
5. 現實想像	Q. 盡量用最貼近現實的角度，想像步驟4發問行動從開始到達成的整段過程
6. 固定視覺提示	將能聯想到步驟4發問行動的物品放在視線範圍內

「心智對比」能幫我們解決這個問題。刻意想像發生問題的狀態，能讓野獸認清「現在還沒抵達終點」的事實，找回積極向上的動力。

在進行正面思考的同時，也別忘了要往負面思考。

❸阻礙排除

針對上個步驟列出的假想阻礙，寫出你可能會採取的對策。

例：

阻礙「手機的通知聲導致分心」→對策「關掉手機的所有通知」

阻礙「遲遲提不起勁」→對策「先試著做五分鐘」

阻礙「偷懶不運動」→對策「事先制定偷懶要繳罰金給朋友的規定」

此步驟的目的是為了強化「心智對比」。

從拉霸機的例子可以看出，野獸樂於處在一帆風順的狀態，若不在通往終點的路途中讓牠頻繁得到成就感，沒兩下子就會失去幹勁。也就是說，雖然為了維持野獸的動力，我們必須提前設想可能遭遇的阻礙，但當阻礙成為現實時，野獸仍有可能會鬧彆扭。

為了避免這類情況發生，我們必須在設想阻礙的同時擬定解決對策。我知道這樣很麻煩，但請大家不要輕易放棄。想用正確的方式照顧野獸，這點麻煩還是不能省。

❹ 發問行動

為步驟1選好的「每日任務」設定「問句」。將每日任務的內容套入下列的句子內：

- 〔自己的名字〕〔時間〕會在〔地點〕做〔每日任務〕嗎？

來看看具體的例子吧！

● 每日任務：重新修改企畫書的內容

發問行動：山田太郎上午九點會坐在公司座位修改企畫書的內容嗎？

● 每日任務：慢跑兩公里

發問行動：鈴木一郎上午七點會在健身房跑兩公里嗎？

可以寫自己的全名，也可以寫平常慣用的小名，只要是向自己提問就沒問題。這種刻意把作業內容轉換成發問行動的方式，源自名為「發問行為效果」的心理現象。從名稱就能看出，疑問句比直述句更具影響力。

發問行為效果的穩定性在過去四十年間已數度獲得證實，在某份統整五十一件先行研究的整合分析中，就有「疑問句擁有比直述句更強的行為改變能力，其效果能維持六個月以上」的報告⑦，效果不容置疑。

「發問行動」之所以能提升專注力，是因為疑問句能對野獸施加更大力量。

舉例來說，當野獸看到「明天要慢跑」這項任務時，雖然能理解任務的內容，卻不容易把它當成「自己的事情」來看待。因為直述句就只有短短一句話，對野獸施加的力量太過微弱，再加上日語經常省略主詞，事不關己的傾向更加強烈。

相較之下，「明天要去慢跑嗎？」這句疑問句，則含有能促使野獸行動的要素。聽到這個問題後，野獸會反射性地尋找答案，在不知不覺間把「明天去慢跑」當成自己的事情。

此外，設定「時間」和「地點」則是利用所謂「執行意圖」的手法。目前已有數百件研究證實了「執行意圖」的成效，這種針對特定工作寫出何時、何地、如何執行的手法，是相當經典的心理技巧。

從精查九十四份先行研究的整合分析結果能得知，「欲達成目標時，執行意圖能帶來 d＋＝0.65 的效果量」[8]。相較於前面介紹過的技巧，此數值已經相當頂尖。

若不提前設定好每日任務的「時間」和「地點」，野獸就無法理解自己何時該展開行動，一心只想拖延作業。因為「時間和地點」不清不楚的作業，對野獸來說過於抽象。

為了解決此問題，一定要提前設定好每項作業的「執行意圖」。

❺ 現實想像

盡量用最貼近現實的角度，想像發問行動從開始到達成的整段過程。

例：

- 發問行動「鈴木一郎上午七點會在健身房跑兩公里嗎？」
- 現實想像「自己在自家玄關準備慢跑鞋的模樣」→「自己路過附近的便利商店走向健身房的模樣」→「自己將健身房的跑步機設定在時速六公里，只跑十分鐘的模樣」

- 發問行動「山田太郎上午九點會坐在辦公桌前修改企畫書的內容嗎？」
- 現實想像「自己把必要資料全裝進同一個資料夾的模樣」→「自己啟動慣用的文字編輯器打開文件的模樣」→「自己大略看過文件概要的模樣」→「自己修正內文的模樣」

不需要刻意寫出每一個流程，重點是能具體想像到何種地步。

「黃昏時穿上慢跑鞋出門，路過擺著新書的便利商店門口，走向健身房。穿越健身房的大門後，把包包放進專用置物櫃，踏上同一台跑步機開始跑步……。」

在腦中想像抵達終點前的各個階段，想像的內容愈逼真，愈能得到專注力提升的效果。逼真的想像能幫助野獸輕鬆理解抵達終點前的整段過程，這比純粹寫出作業流程更容易激發幹勁。

根據統整二十六份先行研究的整合分析結果，執行意圖加上現實想像後，目標達成率能提升 d+=0.23 的效果量⑨。雖然乍看效果不特別顯著，但從數值看來已經是非常高的了。

想像的逼真程度取決於投入的時間，細膩的形象能幫助專注力集中。請發揮五感，想像「跑跑步機時腳底的感覺」、「製作企畫書時周圍的噪音」等，還原最真實的情景。

❻固定視覺提示

保險起見，我們還要在最後設一道提醒。野獸只會對眼前的事物有反應，若沒有讓牠定期回想起「發問行動」，牠沒兩下子就會忘得一乾二淨。

提醒的手法並無硬性規定，可以利用手機的ＡＰＰ，也可以寫在筆記本裡，最重要的是必須把提醒物放在視線範圍內。

就像序章提過的，野獸很容易分心。明明正在工作，卻被在網站上瞄到的名人照片吸引，不由自主搜尋起他的名字、看他的維基百科介紹，回過神來才發現一個小時已經過去了……。這種現象經常發生在你我身上，沒有能遏止的靈藥，我們唯一能做的事，就只有把提醒物放在視線範圍內而已。由此可知，提醒物最重要的功能並非提醒野獸該做事，而是喚回野獸的注意力。

從這個觀點看來，無法直接放在眼前的手機提醒ＡＰＰ跟待辦清單ＡＰＰ，恐怕都很難吸引野獸的注意。我會在平板電腦的月曆ＡＰＰ裡輸入「發問行動」後，把平板電腦放在作業螢幕的下方。

不想依賴數位裝置的人，可以把「報酬感計畫」中的實踐設定表，以紙本形式放在視線範圍內。即使在作業途中不慎分心，只要瞄到「發問行動」的疑問句，野獸就有機會安分地回歸原本的作業。

與此同時，希望大家也善加利用「視覺要素」。雖然文字提醒已能發揮不錯效果，但增添視覺要素後，可望獲得更顯著的成效。

「視覺要素」是哈佛大學提出的技巧。研究團隊將實驗者分成兩組，分別給予「文字提示」和「能從《玩具總動員》的角色聯想到的視覺提示」，提醒實驗者要記得填寫問卷，結果發現兩組人馬的完成率有極大的差異。

接收到純文字提示的組別，問卷完成率只有七八%。接收到視覺提示的組別，問卷完成率高達九二%[10]。

文字提示過於抽象，野獸得花很長一段時間才能理解；視覺提示容易吸引野獸的注意力，能督促分心的野獸重新集中精神。「視覺提示」的圖案內容不拘，可以自由挑選喜歡的角色、心愛的寵物或圖樣等。

報酬感計畫❸「速效簡易版」

「報酬感計畫」主要是針對需要花費數週、數年才能完成的中長期目標。

有辦法持之以恆的人，絕對能成功提高專注力，不過，若想用「報酬感計畫」實現短期目標，過程稍嫌繁瑣。當我們接到緊急任務，必須趕在明天前提交文件時，可以利用更簡易的版本。

步驟❶ 理想形象

想像完成眼前的作業後，自己能得到哪些好處。例如：「在明天前做好文件」後，「能得到成就感」、「能得到主管的誇獎」、「增加處理緊急作業的自信」

等，想到什麼就寫什麼。

步驟❷優點選擇

從步驟1列出的好處中，選出一個對自己來說最有利的好處。在腦中仔細思考每個好處，鎖定能讓自己最積極的事情。

步驟❸阻礙對照

寫出欲完成此作業時可能會遭遇的問題。想要「在明天前做好文件」時，可能會遇到的阻礙包括「同事突然搭話」、「好奇最新消息，逛起新聞網站」、「不自覺看起社群網站」等。

步驟❹缺點選擇

從步驟3列出的問題中，選出對自己來說最不利的問題。在腦中想像具體情況，鎖定實際上最有可能發生的問題。

▼圖 7　報酬感計畫　速效簡易版設定表

1. 理想形象	Q. 想像完成眼前的作業後，能得到哪些好處
2. 優點選擇	Q. 從步驟1列出的好處中，選出對自己來說最有利的好處
3. 阻礙對照	Q. 想像完成此作業的過程中，可能會遭遇的問題
4. 缺點選擇	Q. 從步驟3列出的問題中，選出對自己來說最不利的問題
5. 發問行動	Q. 最後將該完成的作業套入下列的句子內〔自己的名字〕〔時間〕會在〔地點〕做〔作業名稱〕嗎？

步驟❺ 發問行動

最後將必須完成的作業套入「發問行動」的句子裡就完成了。「山田太郎上午十點會在公司裡做文件嗎？」寫好句子後，請把這句話放在視線範圍內。

簡易版報酬感計畫到此就完成了。此簡易版本濃縮了「報酬感計畫」中的短期強效技巧，光靠這些技巧就可望提升專注力。

當然，大家在嘗試完整版「報酬感計畫」前，也可以先用簡易版練習，實際感受「心理對比」跟「實行意圖」的成效後，再來挑戰完整版。

最後要提醒大家一件最重要的事情。雖然「報酬感計畫」是現階段最理想的技巧，但就算制定完美的計畫，也無法保證能百分之百發揮出「最高專注力」。我們的專注力來自於野獸和馴獸師間脆弱的平衡關係，輕輕一碰就會崩塌。

縱然如此，我們還是只能放手一搏。

沉迷遊戲或網路，等於野獸遭到他人操弄，終其一生都無法獲得真正的自由。

若不願沉淪至此，唯一的辦法就是用自己的雙手拉緊野獸的轠繩。

Chapter

3

進行儀式

～靠慣性動作進入高速集中模式～

1 看似無意義的「個人儀式」逐漸顯現隱性效果

考試前「彈指十下」成績就會進步二一%

自古以來，人類就有舉行各種儀式的習慣。放眼世界，隨處都能看到不同的儀式，像是多數農耕社會傳承至今的消災儀式、流傳在歐亞大陸各民族間的守護神祝祭等。

儀式的起源不詳，報告指出，早在史前時代，尼安德塔人就會舉辦喪禮悼唁死者，顯示人類和儀式之間有著非常緊密的關係。長年以來，我們一直試圖透過儀式跟神明對話，或鞏固同伴間的向心力。

即使到了現代，儀式的重要性依然不減。姑且不論現代人也會舉辦的婚禮、喪禮、新年參拜等傳統儀式，本章最重視的是自我創造的「個人儀式」效果。

無論在哪個領域，或多或少都會有堅持「個人儀式」的人。例如：登上火箭前一定會在庭院裡種樹的俄羅斯太空員、決賽時必穿紅色 POLO 衫的老虎伍茲、每天下午一定要散步三小時的查爾斯．狄更斯……。

認為儀式只是迷信，對其不屑一顧很容易，但事實上，現代科學界已經逐漸認同個人儀式的功效。上海大學便針對九十三名有肥胖煩惱的女性做實驗①，實驗者指示所有實驗對象「必須將一日攝取熱量控制在一千五百大卡內」，並將實驗對象分成兩組。

(1) 不做別的事情專心吃飯
(2) 進行儀式後吃飯

第一組採取「正念飲食法」，不被電視、手機等其他事物分散注意力，專心在眼前的食物。根據先行研究確認的結果，光是認真吃飯，就能自然減少熱量攝取[②]。近年肥胖門診也經常利用此技巧。

第二組必須遵守研究者規定的「用餐前的儀式」。

步驟1：吃飯前先把食物切碎

步驟2：把切碎的食物放在餐盤上，讓食物「左右對稱」

步驟3：把食物送入口中前，先用叉子或湯匙輕壓三下

可想而知，此儀式並沒有能降低食慾的神奇效果，跟老虎伍茲穿紅色POLO衫一樣，只是迷信而已。就算多做了這些事，也不可能有任何改變。

然而，實驗結果卻推翻了這個想法。**「儀式」小組攝取的熱量比「正念進食法」小組少二〇%，選擇蔬菜、水果等健康飲食的比例也明顯攀升。**

研究團隊還進行其他類似實驗，結果發現就算要實驗對象遵守「用餐前輕敲桌面」、「吃巧克力前閉上雙眼數三秒」等奇妙儀式，同樣能提升實驗對象的自我掌控能力，主動選擇更健康的飲食內容。

近數十年來，類似研究不斷增加，也多了不少科學實證。例如：高爾夫球選手親吻小白球後，推球入洞率會提升三八％、在智力測驗前彈指十下，成績會進步二一％等[3]。看來在乍看之下毫無意義的神秘「儀式」背後，似乎潛藏著某種不能將其視為迷信的「東西」。

原始定律幫助人類存活至今

科學界對這類「儀式」並沒有完整的定義，心理學界通常會稱它為：

- **同時擁有「嚴格」與「反覆」兩項特徵，預先制定的規則。**

「儀式」最大特徵是遵照某個明確的規矩，反覆做相同的動作。不管會不會對目標造成直接影響，只要反覆實行預先制定的規則，即能稱為「儀式」。

那麼，為什麼「儀式」能提高人類的自我掌控力跟認知能力呢？換個問法，為什麼這種莫名其妙的行動，能有效控制野獸呢？為了尋找答案，我們先來想像原始人的生活。

數十萬年前，我們的祖先生活在充滿未知的世界裡。外出狩獵不一定能找到獵物，對陰晴不定的天候乾瞪眼，不曉得何時會遭到謎樣疾病侵襲。為了在看不見未來的環境中求生存，原始的人類發現了某個單純的指標。

這個指標就是「反覆動作」。想在前途未卜的原始環境中確保能量，避免遭到猛獸或傳染病侵襲，唯一的方法就是牢記生物和自然環境展現出的固定節奏，像是會在同個時期、同個地點結果的猢猻木、每到固定時間會在特定區域徘徊的伊蘭羚羊、會在特定季節流行的傳染病……。

在充滿未知數的環境中，唯有能察覺同一時間發生的現象，對其進行準確預測的人，才有辦法存活下來。因此，討厭抽象事物的野獸，把「反覆動作」當成一個具體的徵兆。**久而久之，野獸體內形成了會對「反覆動作」產生強烈反應的感應器**。此感應器讓野獸感受到重覆做同一件事的魅力，激發出野獸對「反覆動作」的興趣。

利用「反覆動作」為自己正向洗腦

前面提到「報酬的預感」對我們來說是一把雙面刃，「反覆動作」對現代人來說也同樣好壞參半。

最具代表性的正面例子是音樂。重複固定節奏和旋律的音樂，能刺激人類的反覆動作系統，帶來強化團結力、提升動力、消除壓力等多重正面成效④。

不過，「反覆動作」會在政治宣傳和製造假新聞時引發問題。

人類大腦容易將不斷出現的事物視為事實。自古以來，這項特性就經常遭到宗教和政治人物濫用。舉例來說，納粹的宣傳部長戈培爾曾說：「宣傳內容一定要單純，而且要反覆宣揚。唯有將問題簡化成單純語句，反覆傳播的勇者，才有辦法影響輿論。」

眾所皆知，納粹政治宣傳正如他所言，獲得了空前絕後的佳績。再怎麼荒唐的錯誤內容，在推廣了上千次後，依然能以假亂真。

麻煩的是，近幾年的實驗心理學發現，聰明的人仍然會受到假新聞蒙騙⑤。即使大腦擁有傲人的情報處理速度和分析能力，也無法辨別假新聞；無論知識多麼淵博，在「反覆動作」洗腦下，依然會將假新聞視為真實。

這樣的腦內機制也使人類產生了大大小小的迷信。流傳至今的消災解厄儀式、治療性觸摸等替代療法，這些全是人類輕易拋棄理性的證據。

雖然是個令人困擾的事實，但換個角度來看，我們也不能放過「反覆動作」為野獸帶來的力量。

野獸一旦遭到納粹政治宣傳等外力操弄，我們就永遠無法奪回專注力的主導權。為了避免此問題，我們最好自訂「反覆動作」的內容，不斷為自己洗腦，創造出專屬的「個人儀式」，將「反覆動作」為野獸帶來的力量，引導到正確的方向。

2 靠多巴胺分泌儀式順利度過一整天！

創造「個人儀式」的2個條件

從前面的研究可以得知，再怎麼無意義的儀式，都能有效刺激野獸。就算儀式內容跟實際作業毫不相干也無所謂，就像網球選手拉斐爾・納達爾總是交替喝兩瓶水、跨欄選手蜜雪兒・珍娜可總是在賽前跳神秘的熱身舞一樣。

創造儀式時必須重視以下兩個條件：

(1) 規定自己「做完這個動作後要開始做重要的作業」

(2) 按照制定好的動作反覆實行

無論儀式內容為何，滿足這兩個條件即能發揮效果。把「嚼口香糖」、「轉十次筆」等隨便想到的動作當成「儀式」也無妨，大家可以自行決定動作內容。

不過，難得都要創造儀式了，最好避免無意義的動作。建議大家把有利現實的作業當成「儀式」，才能強化促使野獸行動的力量，從結果看來也更容易提升專注力。

接著來介紹創造高實效性「儀式」的方法。

一大早先從簡單的作業著手，能迅速提升專注力

心裡明白不認真讀書不行，卻先回起不重要的信，或一直看 YouTube 影片……。

這種發生在你我身上都不足為奇的現象，在心理學界被稱為「任務完成偏誤」。

毫無疑問地，「任務完成偏誤」會對專注力造成負面影響。

某研究從美國的醫院蒐集約四萬筆治療資料，發現單日患者人數增加時，醫生們的任務完成偏誤會大幅上升。據說受到偏誤影響的醫生會有優先治療輕症病患、延後治療重症病患的傾向⑥。

多數人應該都有過類似經驗。明明工作堆積如山，卻開始整理起房間、一頭栽進漫畫的世界，或把專注力耗費在手邊的工作上。因為我們具備著「愈忙愈不願意面對重要工作」的心理機制。

正因如此，傳統工作術書籍經常會建議讀者「優先處理困難的工作」。先解決困難的工作，就能用輕鬆態度處理剩餘任務。其中以主張「早上先吃一隻青蛙（＝先處理困難的工作）」的博恩・崔西的著作最具代表性。

這個建議看似極具說服力，但實際上，近年來，愈來愈多研究報告指出，正確運用「完成偏誤」反而能提升專注力。不先面對困難的作業，而是先解決回信等簡單的作業，更容易得到理想結果。

以哈佛商學院的研究為例，研究團隊召集五百名來自不同業界的商務人士，把他們分成三組。

(1)早上列出整天的工作，從困難工作開始做起
(2)早上列出整天的工作，依序做起，完成後打勾
(3)早上列出整天的工作，把簡單工作拉到最上面，依序做起

研究團隊記錄所有實驗對象的工作成果後，發現工作達成率最高的小組，正是

利用「完成偏誤」的第三組。一大早先把簡單工作解決掉的實驗對象，專注力順利提升，甚至改善了對工作的滿足度，是個相當完美的結果。

「完成偏誤」能提升專注力的最大原因，在於腦內分泌的荷爾蒙。

首先，當我們完成簡單作業時，野獸會獲得巨大的成就感，此時腦內會大量分泌名為多巴胺的神經傳導物質。多巴胺能有效提升專注力、激發動力，從完成作業的瞬間開始，我們的專注力會一口氣激增，影響後續作業，最終更容易得到理想的成果。多虧了「完成偏誤」，我們的專注力才得以延續下去。

像回信、製作請款單等，能在五分鐘之內搞定的作業，每天優先完成任何一項作業都可以。若這項作業還能同時推動日常業務進展，更是再好不過。

例如：我們可以從第2章「報酬感計畫」的「每日任務」列出的作業中，挑選出「有機會馬上完成的工作」，揭開一天的序幕。光是如此，「完成偏誤」就能化身野獸的力量增幅器。

反覆留下「完成」記錄，培養成就感

創造正當儀式的第二個方法是「記錄」。

記錄內容不拘，無論日記、部落格、家計簿還是體重變化都無妨，任何定期持續留下某些記錄的行為，都能成為提升專注力的儀式。

「為了提升專注力，從今天開始來寫家計簿吧！」多數人聽到這句話應該會一頭霧水，但其實已有多項研究證實記錄的成效。

某實驗要求實驗對象利用家計簿網站記錄每日支出，並在四個月後施行認知測驗，結果發現記錄得愈詳細的人，主觀壓力愈少，愈能集中心力處理日常業務⑦。

光是做個記錄就能提升專注力，這是多麼不可思議的現象啊！

前面「完成偏誤」提到的多巴胺，正是引起此現象的主要原因之一。記錄等簡單的作業能給予野獸成就感，幫助野獸提升專注力。除了多巴胺之外，還有個更重要的原因是「自我效能感」。我們必須要認同「自己是個能幹的人」，才能堅持不懈地持續記錄。接著來簡單說明一下自我效能感的原理。

首先，不管記錄的內容多麼微不足道，在長期記錄的過程中，野獸都會逐漸察覺到「這件事情很重要」。此時，前面提過的「反覆的法則」開始運作，使野獸重視起當初毫不在意的記錄內容。

在反覆記錄的過程中，還會發生一個更有趣的變化，那就是野獸會萌生「我竟然有辦法長期做這麼重要的事情，我一定很能幹」的想法。持續記錄能強化記錄者的信心，這份自信也會激起我們對日常作業的興致。

事實上，前述研究也證實，被要求寫家計簿的實驗對象，自我效能感也會提升。光是做記錄就能誘導野獸的思考模式，絕對值得一試。

反正都要記錄了，不如留下能提升專注力的記錄。第1章介紹的「MIND評分表」和第2章介紹的「報酬感計畫」，都是很適合的練習。另外像一般常推薦的「記下抵達目標前的進展狀況」，也是理想的記錄方式。

根據里茲大學的整合分析結果，有記下作業進展狀況的人，目標達成率會提高「d＋＝0.40」的效果量⑧。雖然成效不算特別顯著，但仍值得一試。

當我們想記錄抵達目標前的進展時，必須注意以下重點：

(1) 想改變行動時，只記錄自己採取的行動
(2) 想得到結果時，只記錄通往結果的過程

舉例來說，想減重的人若記錄每日飲食內容，失敗機率恐怕會上升，因為追求的明明是「減重」這個結果，記下的卻是「飲食」內容。若想減輕體重，就應該專心記錄體重機數字變化，這是基本中的基本。反之，若想改變飲食習慣，則應該記錄飲食內容，才能得到理想效果。

再多舉幾個例子給大家參考：

- **想增加存款的人，只須記錄存款增減**
- **想戒菸的人，只須記錄沒抽菸日數**
- **想養成運動習慣的人，只須記錄去健身房日數**

搞錯記錄的內容，記錄的成效將大幅下降。記錄時務必確認行動與結果一致。

至少要持續記錄兩個月，才能看到記錄的效果。記錄並非即時生效的技巧，就算短時間內沒有見效，也不要輕易放棄，繼續堅持下去吧！

3 用「些許不適」刺激野獸

成功率八～九成的忍耐行為，能強化心靈

希望大家養成記錄習慣後，能為儀式添加新要素「些許不適」。

「些許不適」指的是對自己的身心施加輕度壓力。具體行為如下：

- **忍住不喝喜歡的酒**
- **用非慣用手操作滑鼠**
- **一發現駝背立刻抬頭挺胸**

多數人也許會認為，「不可能靠這樣提升專注力」，但這種想法其實大錯特錯。以上所舉的行為，全都經過正式實驗證明，能有效提升專注力[9]。其中最具代表性的例子包括一項跟酒和專注力有關的研究[10]。

此研究找來四百七十七名男女，對全員進行貼膚試驗，測試大家的酒精代謝能力後，將他們分成兩組。

(1) 耐酒精且愛喝酒
(2) 不耐酒精但愛喝酒

研究團隊之所以採取此調查，是因為他們認為「不耐酒精但愛喝酒」的人，很有可能經常在忍耐「些許不適」。天生體質不耐酒精的人，就算想多喝幾杯也只能咬牙忍耐。研究團隊推測，這樣的體質差異，有機會影響到實驗對象的專注力。

他們對全員進行專注力測試後，發現兩組人馬有明顯差異。經常忍耐酒精誘惑的人，比較不容易被眼前慾望誘惑，能集中精神作業。

此研究結果證明，即使身處截然不同的狀況，經常忍耐些許不適的人，依然能發揮專注力。忍住不喝喜歡的酒、用不熟悉的動作操作滑鼠，這些乍看之下毫無意義的日常小忍耐，其實都能提升我們的基礎專注力。

跟前面介紹過的「記錄」一樣，「些許不適」之所以能提升專注力，是因為在過程中培養自我信任感。在日常生活中經常忍耐些許不適，會讓野獸逐漸萌生出「自己擁有能左右未來的能力」的想法。多虧這些「成功杜絕誘惑」的小小成功經驗，讓野獸深深體會到主掌人生的滋味。

這種全新的感受會讓野獸認定「未來成功與否操之在己」，培養出堅定的意志力對抗眼前誘惑，專注力也會隨之提升。

換句話說，「些許不適」就好比精神面的肌力訓練。無法忍受訓練過程中的不適感，永遠都練不出肌肉。同理可證，我們必須對自己施加適當精神壓力，否則將一輩子原地踏步。

至於要選擇怎樣的「些許不適」則因人而異，可以是「晚上不吃甜食」，也可以是「買新東西後把舊的丟掉」，內容不拘，請自行選擇。此階段最重要的關鍵是「設定難易度」。以「晚上不吃甜食」的忍耐行動為例，此行動可能讓某些人覺得生不如死，但對某些人來說只是小菜一碟。難度設定一旦出錯，特意執行的儀式反倒會招來反效果。

多數研究資料指出，成功率八～九成的「忍耐行動」最理想，太困難恐打擊幹勁，太容易則無法有效鍛鍊野獸。請選擇在一般情況下能順利撐過去、失敗機率極低的忍耐行動。

遵守「5的原則」累積些許不適

若找不到適合自己的「忍耐行動」，不妨先嘗試「5的原則」。這是心理諮詢師用來「治療拖延症」的手法，基本原則相當單純。

- **想停下手邊工作休息時，再堅持5分鐘就好**
- **想滑手機時，再做手邊工作5分鐘就好**
- **想停止做仰臥起坐時，再做5下就好**
- **無法專心讀書時，再看5頁就好**

當你想停止手邊的動作時，請靠5這個數字堅持下去。光是遵守這個原則，就能大幅提升產能。

我們的專注力非常脆弱，一旦脫離眼前的作業，就得花費二十～三十分鐘的時間，才能恢復到原本的狀態[11]，一整天下來，浪費掉三～四個小時也不足為奇。不過，若能堅持「再做五分鐘」的原則，累積小小的忍耐，就不至於破壞重要的專注力平衡。獲得成功跨越「想停下手邊作業」、「想滑手機」等些許不適的經驗後，野獸會對自己信心大增。

話雖如此，有些人可能連「展開第一步行動」都辦不到，即使試了第2章介紹的「發問行動」或「設定提醒」，依然無法將心思放在眼前的作業上。此時請參考下方範例，活用「5的原則」。

- **狀況：「必須製作文件」**
對策：「在心裡從五開始倒數，並在數到零為止前開始敲鍵盤。」
- **狀況：「想運動但提不起勁」**
對策：「在心裡從五開始倒數，並在數到零為止前開始原地深蹲。」

發現自己「沒有動力做作業」時，立刻在心裡默默倒數「5、4、3、2、1」，並在倒數過程中展開行動。這種方法不見得能幫助人全心投入作業，但總比擺爛拖延好，至少產能有所提升⑫。

倒數計時刺激了野獸的時間感，因此能有效發揮作用。如前所述，野獸通常對遙遠未來的作業興致缺缺，總是設法拖延。倒數計時能讓野獸重新察覺到「事態緊急」，促使野獸專心回歸作業。

想使用「5的原則」時，不妨利用「固定視覺提示」（本書第2章介紹）的方法，將提醒物放在目光所及之處，像是「想停下手邊的作業時，再堅持5分鐘就好」、「沒有幹勁展開行動時，在心裡倒數5秒」等寫出諸如此類的方法，並將文字置於視線範圍內。

4 用連續儀式引導野獸，幫助牠養成好習慣

無論怎樣的儀式，只要持續時間夠長，久而久之都不必再借助提醒物的力量。在「反覆動作」影響下，野獸將重新體會到該儀式的重要性，逐漸養成主動執行儀式的習慣，這種狀態就像在野獸體內安裝新的APP一樣。

成功安裝完一項儀式後，請務必開始嘗試「連續儀式」。連續儀式是史丹佛大學行動科學高等研究中心提倡的手法，也是能幫各項儀式連結新儀式的技巧⑬。

來看幾個例子：

儀式1「八點後，從每天必須完成的作業中，選出最簡單的作業優先施行。」

儀式2「完成簡單的作業後，開始做最困難的作業。」

儀式3「完成困難的作業後，出門慢跑十分鐘。」

儀式1「吃完晚餐後，冥想十五分鐘。」

儀式2「冥想十五分鐘後，在『報酬感計畫表』中填入明天的計畫。」

儀式3「填完『報酬感計畫表』後，不要東摸西摸，立刻上床睡覺。」

「連續儀式」最大的重點是，必須像這樣連續執行多項儀式。也就是說，想創造專屬的「連續儀式」時，應符合此句子的行動：

● **做完〔原始儀式〕後，接著做〔新的儀式〕**

也許你已經有所察覺，這正是第2章介紹的「實行意圖」的延伸版。製作「報酬感計畫」時，必須設定每日任務的「時間」和「地點」，而「連續儀式」則是將儀式本身當成其他儀式的基礎。

執行連續儀式時，為慣性儀式添加新行動，也能得到不錯的效果。例如：假設現階段的儀式順序為「做運動→冥想」，可嘗試從中插入新行動，調整成「做運動→讀書→冥想」。

5 每週執行4次儀式，持續2個月後將完全屬於自己

最後來聊聊大家最在意的問題，「要反覆執行多久，才能使儀式完全自動化呢？」究竟要花上幾週、幾個月，我們才能像呼吸一樣，自然而然地執行儀式呢？

儘管目前尚無經證實的明確數字，但我們可以參考加拿大維多利亞大學在二〇一五年進行的有趣調查⑭。研究團隊用十二週觀察剛加入健身房會員的男女，調查「有持續運動的人與無持續運動的人之間的差異」。

從分析結果能看出以下的傾向：

- **每週上健身房四次以上的人，持續運動的可能性大幅提升**
- **每週上健身房不到四次的人，持續運動的可能性大幅降低**

從調查首日到第六週為止，兩組人馬都有持續運動，養成運動習慣的可能性都相當高，但從第六週開始，雙方卻產生極大懸殊。每週上健身房不到四次的人，從第六週開始，一直到第十二週，運動持續率逐漸降低；每週上健身房超過四次的人，過了六週後，運動持續率依然持續攀升。

由此可知，此研究能得到兩個結論：

- **若想將儀式自動化，每週至少要執行四次**
- **若到第六週為止未能反覆徹底執行儀式，之後將恢復原樣**

當然，六週這個數字僅適用於運動，其他複雜的儀式需要花更久的時間。

根據倫敦大學的實驗結果，「早上喝水」等簡單習慣只要二～三週就能養成，「每天做仰臥起坐五十次」等困難習慣最多需要花二百五十四天⑮。看來想在野獸體內安裝「儀式」，還是得花上一段時間才行。

話雖如此，統整多份研究報告後，能發現一個平均值：只要持續做四十～六十天，多數行動都能成為習慣。請先記住「每週執行儀式四次以上，持續六～八週」的原則，有目標才能確實激發出動力。

以上是促使野獸行動的對策。

在此整理一下到本章為止的步驟。首先，我們要餵野獸吃適合的食物，讓牠攝取養分，紮穩專注力的基礎，接著運用能掌控「報酬的預感」的技巧，誘使野獸發揮力量，最後創造出多項「儀式」，開闢有效活用野獸威力的道路。這些技巧都能帶來具科學認證的強力效果，實行後，你絕對能親身感受到某些變化。

話雖如此，野獸難駕馭之處，在於即便照著流程走，牠也不見得會乖乖聽話。野獸天生內建注意力渙散系統，無論我們採取怎樣的對策，也無法將之操弄於股掌中。

安排好能幫助野獸集中精神的環境後，我們只能祈禱野獸會朝著目標方向前進。若野獸走錯方向，我們必須反覆推敲失敗原因，從細部進行調整。

不過，我們能採取的對策可不只有前面介紹的內容。在一般「放置型遊戲」中，玩家做好準備後只能默默守候，但跟野獸玩「放置型遊戲」時，玩家做好準備後依然能干預遊戲，下一章再帶大家一起看詳細內容。

接下來當然就輪到馴獸師登場了。

Chapter 4

編撰故事

～覆蓋自我印象，變身「能幹」的人～

1 故事讓人「化身理想中的自己」

神話、傳說、喜劇，流傳千古的故事力量

學習如何活用馴獸師的力量前，本章先帶大家從「故事」的角度思考。也許會有人質疑我怎麼突然偏離主題？但其實「故事」才是馴獸師最強大的武器。

讓我們從頭看起吧！說到底，「故事」對人類來說是怎樣的存在呢？某項研究調查表明，至今仍在卡拉哈里沙漠過著原始生活的桑人，每天晚上都會圍繞著營火，聊天聊到就寢時間。

他們從八卦到金錢糾紛無所不談，但最常出現的話題其實是「故事」。類型豐富的故事佔了桑人八一％的聊天時間，內容可能是像《李爾王》一般充滿暴力色彩的悲劇，也可能是像《三人同舟》一般的詼諧喜劇。

另有諸多類似例子，部分人類學家甚至大膽推測「人類的文化該不會是由這些夜間故事虛構而成」。雖然不曉得這項推測的準確性，但除了狩獵採集者的夜間閒談以外，從世界各地的人們至今仍傾力創作電影和小說的事實來看，「故事」在人類心中的地位可見一斑。

為什麼人類會需要「故事」？桑人又為何把八成寶貴交流時間拿來講故事？

探討這個問題前，請先想像生活在原始環境的祖先，突然生病，發高燒喪命的情景。目睹突如其來的悲劇，同伴們肯定心生恐懼，想辦法尋找死亡原因。

然而，在那個科學尚未發達的時代，人們根本沒有疾病的概念。

男人在死前有做出什麼怪異舉動嗎？以前也有人這樣喪命嗎？同伴們憑著過去的線索推測原因，找到終能說服自己的結論，像是因為他驚擾到沉睡在湖泊的精靈、因為他聽到死者的呼喚、他絕對是被動物的靈魂附身了……。

這正是「故事」的初始型態。「故事」的原始目的是為難以釐清的不明現象賦予因果關係，使複雜的世界井然有序。在死亡如影隨形的原始世界中，沒人在乎故事正確與否，**只要說服自己「因為這個原因所以導致問題」，就能得到精神慰藉。**最古老的「故事」，是為了緩解人們對混亂世間的不安而誕生。

人類能透過故事找到自我

「故事」具有為渾沌世間賦予因果關係的能力，並於日後衍生出多元版本，像是灌輸人們「世界是諸神的劇場」的希臘神話、刻劃複雜人類心理的《達洛維夫人》等近代文學、帶領我們的想像力馳騁於「虛擬」世界的《Diaspora》等科幻小說。儘管這些故事帶給我們不同的情感，它們都為複雜的世界提供了明確腳本，消除人類與生俱來的空虛感。

在現在這個世代，故事最重要的功能當屬建立自我認同意識。以最具代表性的《聖經》為例，如大家所知，《聖經》故事是西方人自古以來的心靈依靠，有人透過《創世紀》尋找自身起源，以求心靈慰藉，也有人透過耶穌基督的故事找到「自身的行動方向」。

這在狩獵採集者的世界亦然。諸多人類學研究報告指出，每個原始部族都有自古流傳的創世神話。族人會跟同伴分享「創世初期精靈們化身成動物出沒」等故事，藉此加深群體的自我認同意識。

但到了現代，人們不再盲信精靈和神蹟，「自己是什麼人」的疑惑再度成為重要的問題。在瑪麗．雪萊的小說《科學怪人》中，天生樣貌醜陋的怪物問自己：「我很混亂，無法理清自己的情緒。我沒有任何依靠，沒有一絲牽絆，這究竟是怎麼回事？我是誰？我是什麼人？」

雖然是藉怪物之口提問，此場景卻毫無疑問地是在描寫自我認同危機。現代人就算不像怪物一樣悲痛吶喊，也會試圖利用某些媒介來鞏固自我認同意識。

大家應該對以下場面司空見慣吧？有些人喜歡收集社群網站的「讚」數，希望藉此找到自我；有些人喜歡買名牌，以凸顯自己與眾不同；有些人利用愛國的民族主義力量，找到自己的立足之地，將自己套入「自己是得到很多『讚』的人氣王」、「自己很有能力，買得起高級貨」、「自己擁有愛國的優秀特質」這些簡單易懂的故事裡，從中獲得安心感。

相較於此，原始人的自我認同意識相當單純。他們在出生後理所當然成為部落的勞動力，部落只會要求男人狩獵、女人採集。原始人的生活模式也很固定，兒時透過遊戲學習狩獵的方法，長大後專心孕育下一代，完成這些任務後，只需要將知識傳承給後代，即能結束一生。無論到了人生的哪個階段，原始人都有明確的「任務」，自我認同意識不會遭到考驗。

換句話說，在漫長的演化過程中，人類從沒為自身問題煩惱過。這麼一想，生活在現代的我們，有太多能自主決定的選擇，迷失自我認同意識似乎也不意外。

堅定的自我認同意識，能夠馴服野獸

前面之所以花大篇幅闡述自我認同意識，是因為：自我認同意識是形成專注力的必要條件。提升專注力跟確立自我乍看毫不相干，卻有著千絲萬縷的關係。

舉例來說，讓我們思考一下這個情景：「你正在讀一本工作上的書，但內容太過艱深，只要稍微分心，專注力就會潰散。每當專注力快要瓦解時，你都會告訴自己『一定要堅持下去』，重新打起精神，最後總算順利讀完整本書。」

此結果絕對值得鼓勵。就像第3章提過的，想辦法持續找回專注力，你的專注力絕對能有所成長。

從這個例子還能得到另一項事實，就是你在無意間認定自己是個「只要肯努力就能讀完整本書的人」。當你有這樣的想法時，每當專注力快要瓦解，你都會逼迫野獸繼續努力。

不過，若你認定自己是個「天生愛讀書的人」，情況就完全不同了。**就算難以持續集中精神，你也會反射性地試圖維護「愛讀書」的自我形象，自然提升重振精神讀書的機率。**

專家稱這種反應為「認知失調」。認知失調是指當人處於矛盾狀態時，會感受到出於本能的不適感，使當事人在毫無自覺的情況下改變態度的現象。

最經典的例子是老菸槍。多項調查顯示，雖然一般人都知道抽菸有害身體健康，但老菸槍們無法壓抑自身的慾望，經常會無憑無據地自我安慰「都已經抽這麼多年了，抽菸沒有想像中傷身」，低估抽菸造成的實際傷害。老菸槍們為了繼續吞雲吐霧，接受了錯誤的「故事」。

這跟愛讀書的人提升專注力的模式，基本上如出一轍。

當你無法專心讀書時，你的內心會分裂出兩個人格，分別是「不想讀書的自己」跟「愛讀書的自己」，兩者之間的矛盾會觸發認知失調。為了緩解失調造成的不適感，你只能堅守自己的自我認同意識，藉此喚回野獸對書本內容的集中力。

也就是說，本章的目的是幫助你「重新定義自我印象」。

想集中精神慢跑的人，必須定義自己「是個跑者」、想集中精神工作的人，必須定義自己「是個能貫徹始終完成工作的人」……。依照目標建立起最理想的自我認同意識後，即使沒有刻意努力，我們的專注力也會自動調整到最佳狀態。

重新定義自我印象時，必須發揮馴獸師的能力。如前所述，「故事」的目的是用合理的力量形成自我認同意識。不同於無法連結前因後果的野獸，具備序列處理能力的馴獸師，能將分散的情報拼湊成完整的故事。

總結來說，本章追求的是兩個階段：

(1) 創造出有助於提升專注力的新「故事」

(2) 按照「故事」內容持續行動，說服野獸讓馴獸師裝備名為「新故事」的武器，死纏爛打地說服野獸，直到牠接受故事內容為止。若野獸欣然接受「新故事」，專注力潰散的風險將降到最低。進入這個狀態後，我們就不必要其他小手段，從這方面看來，這個狀態堪稱提升專注力的最強狀態。

2 覆蓋自我印象的5個方法

基本上還是得靠「反覆動作」，但也有能省略之處

想要利用「故事」的力量說服野獸時，第4章介紹的「儀式」也能派上用場。深植在野獸體內的自我印象無法在一朝一夕之內改變，必須重複施行同樣的作業才能見效。

有些自我啟發書籍會勉勵讀者「拋開成見自然會一帆風順」，但個人的世界觀若真能輕鬆地重新定義，我們也不至於如此辛苦。我們抱持的世界觀就像是長年養成的生活習慣，需要花費一段時間才能改善。

實際上，多數接受「基模療法」等能改變自我形象的心理治療患者，治療期間都超過五年。想改變深植大腦的世界觀，正是如此浩大的工程。

正因如此，本書第2章提到的「報酬感計畫」和本書第3章提到的「連續儀式」等手法，都能成為「創作故事」的手段。

此類手法具備「發生某件事情後，會觸發另一件事情」的基礎故事架構，能為日常作業賦予明確腳本，因此容易說服討厭抽象事物的野獸。

在反覆執行特定「儀式」的過程中，野獸的內心會產生變化。腳踏實地完成工作或專心讀書的事實，能逐漸喚起野獸的自我認同感，在大腦深處植入全新的故事，認定自己「是擁有專注力的生物」。若想植入正確的自我認同意識，一定要好好利用「儀式」。

不過，無法短期見效的「儀式」，會讓不少人半途而廢。基本上，專注力的基礎值只能一點一滴慢慢提升，很難瞬間呈現出明顯效果。因此，接下來要介紹的重點是幫助我們輕鬆創作出「故事」的技巧。重塑自我形象的標準流程是反覆執行「儀式」，一步步累積成功。其實這段標準流程有辦法能縮短，以下依照難易度依序介紹五個具體方法。

等級❶自我暗示

自我暗示是「只要自認有才能，自身能力就會有所提升」的現象。

以薩爾斯堡大學的研究為例，相較於一般實驗對象，事先被灌輸「自己是個優秀的大學教授」的人，對自身的聰明才智更有信心，專注力隨之提升，接受基礎常識測驗後能得到更理想的結果①。

在後續實驗中，把自己假想成「一流運動員」的實驗對象，同樣能交出漂亮的運動成績單②。實驗對象對自己更有信心，專注力隨之提升，因此有了更好的表現。

其他還有很多類似的實驗，例如：把自己假想成圖靈等級的天才數學家後，數學成績跟著進步，或把自己假想成甘地般的博愛主義者後，更友善對待他人③。光是把自己假想成優秀的人，我們就能做出符合該人物的行動。

自我暗示能為你撰寫的故事增添色彩。

想創作出有趣的故事，絕對少不了個性鮮明的角色。讓野獸認同「我是個具備專注力的人」是一項孤獨的作業，沒兩下就會厭倦。遇到這類狀況時，若有尤達或甘道夫等指引方向的角色，你的故事肯定會大放異彩。

想在發表時增加專注力的人，可以假裝自己是賈伯斯；想專心工作的人，可以假裝自己就是某個你仰慕已久的高效能人才。進入作業前先花個十五～二十秒，試著想像某位強者的模樣。

等級❷ 工作變更

工作變更是組織心理學界提倡的技巧，能增加工作熱忱。它的做法非常單純。

‧針對問題作業賦予自己全新的「職稱」

就是這麼簡單。雖然乍聽像在唬人，但其實能帶來不容小覷的成效。

某個在美國醫院進行的研究，為無心工作的清掃員賦予新的職稱：「清掃工作是治療的一環，你們是『院內大使』。」結果，清掃員對工作的熱忱在一夕之間有了天翻地覆的轉變，大家都掃得更認真，以往到晚上還髒兮兮的地板和廁所，現在才傍晚就已經清潔溜溜[4]。

在調查工作變更效果的文獻評論中，有一段耶魯大學研究團隊留下的評論：「全新的『職稱』不光能改變人的心態，還能改變人的做事方式。從結果看來，人的專注力也會發生變化。」[5]重新定義自己是「院內大使」後，院內的清掃工作從「單純的義務」轉變為「患者治療的一環」。多虧如此，清掃員萌生極大的責任感，工作專注力隨之提升。

不過，必須特別留意的是，進行「工作變更」時，不能隨心所欲更換成自己喜歡的職稱，而是要做出符合實際狀態的選擇。明明不會畫圖卻自稱插畫家，野獸怎麼可能乖乖接受呢？

前面介紹的實驗之所以能見效，是因為研究團隊只不過是換個角度定義清掃員的工作，「清掃工作是治療的一環」這句話本身並沒有問題。為人賦予正確的職稱時，還是得有憑有據才行。

若你認為自己「沒有任何職稱」，不妨利用本書介紹的實踐技巧。正在實施「ＭＩＮＤ減肥」（詳見本書第1章）的人，可以自稱「ＭＩＮＤ減肥者」、正在實施「報酬感計畫」的人，可以自稱「報酬感計畫者」，或是具體一點的「發問行動設計師」或「心理對比實踐者」也沒問題，這些職稱都非憑空捏造。

決定職稱後，請在作業開始前告訴自己「我是報酬感計畫者」，光是如此便能得到心理效果。

等級❸ 指示型自我對話

「指示型自我對話」從過去就是體育界常用的專注力提升技巧。不僅有多項證據能證明其效果，二〇一一年提出的統整三十二件先行研究的整合分析報告也顯示，利用指示型自我對話提升效率時，能帶來一定程度的效果量⑥。雖然效果不算特別明顯，此數值在日常生活中已相當足夠。

顧名思義，指示型自我對話是利用「自言自語」提升專注力的技巧。舉例來說，做肌力訓練時，若想集中精神做深蹲，我們可以在腦內自言自語：「槓鈴有確實放在肩膀上嗎？注意膝蓋的角度！也要好好留意大腿的肌肉！」

把想集中精神的動作全部說出口，對自己提問或下指示。「拿好槍，對準目標……。」在海外電影中，經常會有主角這樣自言自語的橋段，這也是指示型自我對話的一種。指示型自我對話的應用範圍極廣，也能用來提升學習或工作時的專注力。

- **想提升學習專注力時：「現在不繼續作答是因為有不懂的地方嗎？想想其他的解題方法吧！如果想不出來就直接跳到下一題！」**

● **想提升工作專注力時：「要不要找找看其他可用的資源，想辦法輕鬆完成這份資料？努力從現有資訊中找出真正重要的情報！」**

此時最重要的是，不要用「我絕對沒問題」、「我今天狀態絕佳」等自我對話來自我抬舉。這類型的自我對話名為「積極型自我對話」，雖能暫時提升專注力，卻不適合用於學習或工作等複雜的作業。

指示型自我對話的運用重點，是只把該做的作業轉換成語言。可以客觀提問：「這個問題的重點是什麼？」、「解決這個問題的順序為何？」發現專注力減弱的當下，用具體的方式鼓勵自己「再堅持五分鐘」、「再多解一道題」，同樣能得到不錯的效果。

想不到理想的自我對話時，請試著對自己拋出下列問題。這些問題都是教育科學界實際用來提升學生成績的手段，經證實能提升專注力⑦。

- 為什麼專注力會減弱呢？是因為作業內容太難嗎？還是遇到什麼阻礙呢？
- 有什麼方法能解決專注力減弱呢？
- 自己熱衷於眼前的作業嗎？如果沒有，原因是什麼呢？
- 有沒有被大量資訊搞得暈頭轉向呢？如果有的話，能否從大量資訊中找出重要情報呢？
- 難道不能利用其他資源完成眼前的作業嗎？要怎麼做才能獲得其他資源呢？
- 這項作業最困難的地方在哪裡呢？難道不能用其他方法突破難關嗎？
- 自己最難以理解的重點是什麼呢？
- 面對無法集中精神的問題時，需要他人的協助嗎？
- 自己是否明白正在煩惱什麼？如果不明白，要怎樣才能明白呢？
- 現在的作業難易度適當嗎？會太困難嗎？還是太簡單了呢？
- 有辦法提起興致面對作業嗎？

對自己拋出這些問題後，之所以能得到效果，是因為大腦習慣「全新的故事」

前，野獸總想重拾過去的做事方式。在無意間依賴慣用手法是全人類共通的心理現象。無論馴獸師如何強迫野獸接受「全新的自我形象」，牠都會立刻反彈，抵抗直到牠能打從心底接受為止。

因此，等待野獸接受的過程中，一旦發生問題，馴獸師就必須給予野獸明確的指示，針對各個問題給出具體行動方針，引導野獸「朝著正確的自我形象前進」。

反覆給予野獸指示後，即使馴獸師不再插手，野獸也會主動行動。在進展到此地步前，請不要輕易放棄，持續展開自我對話吧！

等級❹ VIA SMART

「VIA SMART」是提升專注力的技巧，經美國北中央學院實驗確認成效[8]。此技巧的重點在於活用與生俱來的「長處」。每位實驗對象在使用「VIA SMART」

後，專注力都明顯提升，最終目標達成度更高出二～三倍！

儘管現有證據仍因質量不理想，需要進一步測試，但既然效果如此顯著，何不姑且一試？以下介紹詳細步驟：

STEP❶利用VIA測試選擇「長處」

先進入「VIA」網站 https://www.viacharacter.org/，進行免費測試。「VIA」是基於正向心理學數據製成的測試，能免費幫我們判斷自己天生具備哪些「長處」。

回答完所有問題後，頁面會顯示「好奇心」、「思考力」等五個自身最明顯的「長處」，請從中選出一個你最在意的地方，憑直覺鎖定最能打動你的「長處」吧！

STEP❷思考活用「長處」的方法

接著來想想看，該如何把ＳＴＥＰ①選出的「長處」運用在每天的目標或作業上。以下舉幾個例子：

- **想將「創造性」這項長處活用在「專心讀書」時，可以思考新的學習法並實際嘗試（例：「一直以來都習慣從參考書的第一頁開始解題，現在改成隨機翻頁解題」等）**
- **想將「批判的思考力」這項長處活用在「專心工作」時，可以思考現在的工作方式是否出了問題，並嘗試改善（例：「一次接下太多的工作，應該在接工作前先安排好縝密的工作計畫」等）**
- **想將「好奇心」這項長處活用在「專心運動」時，可以嘗試從來沒做過的運動（例：「一直以來都以慢跑為主，今後來挑戰藤球」等）**

無論怎樣的「長處」，都必定會有能帶領你走向目標的方法。請認真閱讀

「VIA」測試結果中的「長處」解說，深入瞭解自己的能力。

STEP ❸ 依照 SMART 原則制定計畫

想好活用「長處」的方法後，請依照「SMART 原則」制定實踐計畫。很多人應該都聽過「SMART 原則」吧？「SMART 原則」是制定具體計畫時可套用的架構之一，由下列單詞的首字母組成：

- **Specific（具體）＝盡量制定具體且明確的目標**
- **Measurable（可衡量）＝用數字掌握目標達成度**
- **Achievable（可達成）＝選擇有機會達成的目標，而非紙上談兵**
- **Relevant（關聯性）＝確認計畫跟重要的工作內容是否相關**
- **Time-bound（明確時限）＝決定何時達成目標**

請依照此原則，制定出能活用自身長處的具體計畫。舉個例子，想利用「好學」這項長處集中精神讀書時，可擬定下列計畫：

- **具體＝「想利用好學這項長處，閱讀統計學的教科書」**
- **可衡量＝「一天讀三頁」**
- **可達成＝「一天讀三頁，六個月能讀完」**
- **關聯性＝「學會統計學便能找出現在工作的問題」**
- **明確期限＝「今年五月前讀完一本書」**

你天生具備的「長處」，如同電影或動畫角色擁有的特殊能力。相信不必多說大家都知道，特殊能力會大幅影響故事的進展。「X戰警」也好，「復仇者聯盟」也罷，劇中角色若不會施展特殊能力，就無法將故事推向高潮。

從這方面來看，「VIA SMART」的技巧能幫助你正確運用特殊能力，為你的人生故事增添光彩。不要勉強自己做不擅長的事情，導致屢戰屢敗，而是要持續做好自己擅長的作業，累積小小的成功經驗。

等級5 同儕壓力

創作全新的「故事」時，「同儕壓力」能帶來最大的效果。所謂「同儕壓力」就是「來自同伴的壓力」，意指你的朋友或同事帶給你的心理壓迫感。

光看形容似乎很負面，事實上並非如此，只要用對方法，同儕壓力將成為最強大的效能提升工具。

二〇一二年時，哈佛大學發表一則論文，研究團隊調查多名投資分析師的數據後，嚴選出一千零五十二名成績頂尖者。可想而知，這些人都自詡為高效能人才。

接著，研究團隊從這些人當中，鎖定到新公司上班的人，以及自行成立公司的人，調查他們與新同事共事後，能否維持同樣的成績。

調查結果相當驚人。這些投資分析師到了新的工作環境後，半數人維持與過去同等的水準，半數人開始走下坡。雖然5年後重新進行調查，但走下坡的人也未能恢復往日水準⑨。即使將分析師的薪水、個人健康狀態等因素納入考量，依然能確認此傾向。

另有許多針對類似現象的調查。在哈佛大學另一項研究中，研究團隊調查約兩千名上班族後，得到的結論正是「我們有一〇%以上的產能取決於隔壁同事的素質」⑩。儘管人類的工作效能並非只受到團隊成員影響，但身旁夥伴或同事的素質，確實會對我們的工作效能造成莫大影響。

簡單來說，**跟能幹的人共事，你也會成為能幹的人；身邊的人產能低落，你的產能也將隨之降低**。同儕壓力之所以能帶來如此顯著的效果，是因為人類已經演化成社會性動物。人類既沒有獅子的利齒，也沒有斑馬的腳力，孱弱的人類想在原始世界中求生存，最理想的戰略就是跟同伴保持密切聯繫，靠群體力量擊退威脅。因此，我們的大腦具備著容易受同伴的思考或行動影響的機制。

居住在非洲的桑人每天晚上聚在一起講故事，也是延長全體壽命的重要生存策略之一。他們最重視「有大家才有我」這句格言，行動時會優先考量如何將共同體的利益最大化。

換句話說，同儕壓力就像「故事」的同溫層。相似的同伴互相交換「故事」，彼此達到共鳴，強化故事的影響力。想當然耳，同樣的心理機制也會大幅影響我們的行動。證據之一是心理學界早已確認到「專注力會傳染」的現象。

舉例來說，某實驗將學生分成兩人一組，讓組員一起玩測試專注力的簡單遊戲。結果發現，當其中一人集中精神時，另一人的專心度自然提升。有趣的是，即使將兩人的螢幕隔開，讓他們看不見對方的遊玩進度，專注力依然會傳染。

由此可知，我們在調整自己的專注程度時，並不會採納他人的成果或達成度等表面要素，而是會採納某些看不見的訊息⑪。

目前尚無從得知這些訊息的真面目，或許是他人的態度、氣息等細微情報，也或許是無意間嗅到他人的體味變化。無論真相如何，你的腦內都確實存在著與他人專注力同步的機制。

想正確運用同儕壓力，只需要遵守一個原則：

- **成為高專注力群體的一員**

只要遵守這個原則，無論做任何事都能得到成果。

- **召集愛讀書的人一起去咖啡店**

- **參加有志者一同切磋琢磨的交流會**
- **跟公司裡的高效能人才打好關係**

這些方法都能激發恰到好處的壓力，確實提升我們的專注力。

若身邊沒有合適對象也沒關係，只要跟合適的人加入同一個網路社團就夠了。哪怕彼此在現實生活中毫無交集，你依然會產生「我是高專注力人才的一員」的自覺，得到勇往直前的壓力。

靠「故事」的力量創造出全新的自我形象，是一項極耗時的大工程。在能夠自然而然地維持專注力前，我們必須利用本章介紹的技巧，不斷向野獸灌輸全新的「故事」。

這段過程充滿痛苦，會讓人忍不住想躲進簡單的「故事」裡。大家喜歡跟隨主張「維持現狀就好」的大眾心靈導師等，都是常見的例子。

採納這些「故事」的確能輕鬆定義自我，但這些故事毫無事實根據，只能帶來短暫的激勵作用。若想構築自我認同意識，還是得靠一步一腳印的反覆作業。

話說回來，如果這麼容易就遭到他人寫好的故事左右，那你恐怕一輩子都無法建立起穩固的自我認同意識。無論如何，自己的「故事」還是必須靠自己定義。

Chapter

5

自我觀察

～用正念療法取回安靜的專注力～

1 有關「意志力」的2大迷思

意志力真的不會耗損嗎？

意志力會愈用愈少。

應該不少人聽過此說法，這在心理學界稱為「自我耗損理論」，主要論點如下：

(1)人腦能儲存的能量有限
(2)用意志力忍耐某件事後，能量會遭到消耗
(3)腦內能量消耗殆盡後，會失去自制力

這個理論確實很有說服力。下班後完全解放自我、不顧減肥計畫大啖冰淇淋，或喪失出門慢跑的動力等，相信每個人都遇過類似的狀況，而「自我耗損理論」正能完美解釋這些現象。

「自我耗損理論」自一九九〇年代起在世界各地萌芽，經史丹佛大學等一流學府背書後，成為商務書籍常見的內容，可見有多少人受意志力薄弱的問題所苦。

但不曉得大家知不知道，近幾年「意志力說不定不會耗損」的理論也逐漸受到矚目。

事情起因於二〇一四年。邁阿密大學重新分析過去出版的近兩百份「自我耗損」相關資料後，得到了「有出版偏差」的結論[①]。

「出版偏差」是個專業術語，指的是專門雜誌傾向於只發表有利於特定假說的論文。也就是說，邁阿密大學認為「自我耗損論其實根本沒有科學根據」。

此報告發表後，科廷大學在二〇一六年找來兩千一百四十一名男女進行更進一步的實驗②，擴大人數規模，重新確認「自我耗損理論」的正確性。結果發現，自我耗損竟然「毫無明確呈現」。此實驗分別在二十三間研究所進行，每間研究所都沒有確認到意志力耗損的現象。

這項爭議至今仍在延燒，雖然還無法斷定「自我耗損理論」絕對錯誤，但事實上，近年來其他的追加實驗也紛紛得到「自我耗損毫無明確呈現」的結論，許多心理學家也都對「意志力會愈用愈少」的理論存疑③。

意志力跟糖分毫無關係？

除了快被擊潰的「自我耗損」理論以外，還有一個已經完全遭到否定的理論是

「必須補充糖分才能維持意志力」。

血糖值受到重視的原因是過去認為「自我耗損」的成因與醣類有關。「人腦的能量來源是葡萄糖，所以我們必須定期補充糖分，使血糖值保持穩定，才能避免腦部機能減弱」。

此理論同樣是商務書籍的必備內容，經常能在書中看到「想維持專注力時，別忘了每三～四個小時攝取一次食物」、「靠低ＧＩ食品維持適當的血糖值」等建議。不過，到了二〇一五年，此理論也被打上一個大問號。有項整合分析調查三十六份探討「血糖值與意志決定的關聯性」論文後，得到了「血糖值只會對飲食層面造成影響」[4]的結論。

舉例來說，當腦內葡萄糖減少時，我們較難抵抗「好想吃巧克力！」的誘惑，但與飲食無關的「集中精神專心讀書」等作業則不會受到任何影響。由此可知，血糖值與意志力的增減毫不相干。

事實上，腦科學界很早就明白，不管用了多少意志力，葡萄糖的消耗量都不會改變。腦部的運作方式不同於肌肉，哪怕是絞盡腦汁認真學習時，還是耍廢亂看網路影片時，葡萄糖的消耗量都是一樣的。不僅如此，大腦每分鐘消耗的總能量只有〇・二五卡，等於每分鐘消耗的葡萄糖量只有「MINTIA」等薄荷糖的十分之一粒而已⑤。若整日都沒有攝取任何食物，大腦當然會能量短缺，但只要有正常進食，就能補足必要能量。

也許很多人無法接受這種說法。相信大家都遇過「認真工作後享受甜食，瞬間精力充沛」等經驗，況且，若意志力真的不會減少，怎麼可能會發生專注力斷線的問題，這個問題又該如何解釋呢？

從結論而言，**我們能將「自我耗損」的爭議重新定義為情緒控管的問題**⑥——

要如何控制不配合特定作業的野獸呢？

就是這個問題。

此問題乍看困難，其實本質相當單純。

拼命集中精神，導致壓力累積，此時吃甜食轉換心情後，精神為之一振——只不過是把這個稀鬆平常的狀態，用更嚴謹的方式重新定義罷了。

就算你現在「沒心情讀書」，當你喜歡的人約你「一起寫作業」時，你也會瞬間充滿鬥志；不管你再怎麼覺得「今天沒辦法專心」，當你想起「有份文件2小時後要提出」後，依然會立刻振作起來。棲息你體內的野獸，會按照外部傳來的訊息，不斷調整動力的優先順序。

事實上，喬治亞大學的實驗結果也顯示，就算只是用糖水稍微漱口，實驗對象的專注力也會有所提升，成功改善做枯燥作業時的效率⑦。若人類必須靠葡萄糖才能找回意志力，就絕對不會發生這種現象了吧？

主要原因應該是當人遇到瓶頸、意志力潰散時，會陷入負面情緒中，不願拘束自己，才放縱野獸切換動力的優先順序。

絕對不是因為大腦的燃料耗盡。

2 「自制」前必須先「自省」

大家都知道，我們無時無刻都在跟情緒交戰。

無論你多麼聚精會神地工作，當朋友約你參加似乎很有趣的派對時，你的內心絕對會動搖。當你正為了債務或求職問題而煩惱時，就很難長時間專心處理眼前的作業。

遇到此類狀況時，若任憑情緒擺布，恐怕很難提升專注力。若想在維持意志力的同時持續發揮高度專注力，就必須抓準大幅波動的情緒。

此時需要利用本章的主角「自我觀察能力」。**想精準控制情緒，絕對不能省略「深入觀察自我」的步驟**。在探討自我觀察能力前，我先簡單說明一下「情緒」的特徵。

如序章所述，野獸會對大大小小的刺激產生反應，使我們產生情緒波動，而野獸也會趁機操控我們。

舉例來說，當工作內容過於困難，使你原地踏步時，野獸會先醞釀出「不耐煩」、「覺得無聊」等情緒，試圖逃離眼前的作業。牠可能會讓你對剛買的遊戲產生「興趣」，或讓你對社群網站更新的內容產生「期待感」，想辦法吸引你的注意力。若無及時採取對策，我們將在一瞬間被捲入情緒的浪濤。

微軟的研究報告指出，人類平均每四十秒就會被某事物吸引，我們被迫不斷與「情緒」正面交鋒[8]。若不幸戰敗，我們必須花超過二十分鐘才能恢復原本的專注力，這段空白期是最可惜的時間。

不幸中的大幸是，野獸產生的情緒固然強烈，但「維持時間相當短暫」。某研究針對無法控制食慾的人實驗後發現，當實驗對象產生「想吃東西」的慾望時，若立刻讓他們玩「俄羅斯方塊」，多巴胺的分泌量會在短短一～三分鐘內減少，食慾也會降低二四%[9]。多虧有「俄羅斯方塊」吸引實驗對象的注意力，才幫助他們擺脫強烈的食慾。

從多項研究數據的平均值看來，野獸情緒失控的時間頂多只會維持十分鐘，撐過這段時間後，野獸的支配力就會減弱，馴獸師也能奪回主導權[10]。話雖如此，我們也不可能一分心就玩起「俄羅斯方塊」，還是必須制定其他戰略，想辦法隨時發揮專注力才行。這個戰略就是強化「自我觀察」的能力。

3 用分離正念找回冷靜的自己

忽視野獸的衝動！

具體而言，「自我觀察」的能力指的是發動以下能力的狀態：

- **狀況：「上班到一半突然想玩手機遊戲」**

發動能力：「『啊，野獸被眼前的慾望吸引，又想操控我了……先別管野獸了，總之再認真做五分鐘。』像這樣跟自己對話，就能回歸原先的作業。」

- **狀況：「明天要交一份文件，但我剛完成大案子，現在根本無法集中精神」**

發動能力：「『野獸不想破壞完成大案子後得到的成就感，所以沒有盡全力。先別管野獸有沒有出力了，試著寫一行也好』像這樣跟自己對話，著手製作文件。」

觀察自己情緒起伏，靜待神經傳導物質的影響趨緩，自然能回歸原本的作業。

簡單來說，這是一種遠離暴動中的野獸的狀態。若是沒有跟野獸保持距離，孱弱的馴獸師恐怕會立刻被野獸牽著鼻子走。想刷推特時，請無視這股衝動繼續做作業；被突如其來的噪音搞得心煩意亂時，請無視煩躁感，將注意力拉回手邊的事情上；懶得出門運動時，請無視怕麻煩的心情走出家門。

只要無視野獸幾分鐘，神經傳導物質的影響力自然會減弱，馴獸師也能奪回主導權。這樣的心理機制，在心理學界被稱為「分離正念（Detached Mindfulness）」。

正念的意思就是不被瞬間產生的念頭影響，持續將注意力放在眼前的對象上：

- **工作時不亂想早上看到的新聞或午餐要吃什麼，專心做手上的工作**
- **吃飯時不邊看手機邊吃，專心品嘗料理**

正念的特徵就是像這樣全神貫注在眼前的事物上。

另一方面，「Detached」有「分離」、「切割」的意思，在這裡指的是把自己脫離想法及情緒。這種狀態就像前面例子提到的，馴獸師不被「想玩遊戲」、「好麻煩」等情感操弄，退一步靜觀其變。

用一句話來解釋「分離正念」就是：

- **與思考和情緒保持距離，專心觀望的行為**

先跟想法和情緒保持一段距離，不進行任何分析，靜觀其變，這正是「分離正念」的基本原則。這麼講或許有些抽象，接著來介紹幾個能幫助大家實際掌握「分離正念」的方法。主要有三大階段。

STEP ❶ 用隱喻來掌握分離正念

請先做幾個小測驗，加深對「分離正念」的理解。放鬆坐下，在心中默念下面幾個單字：

- **蘋果　生日　海岸　腳踏車　玫瑰　貓**

在默念的當下，你的內心有沒有產生變化呢？

也許浮現出蘋果或貓的模樣，也許回想起生日當天的記憶。就算沒有任何變化也沒關係。最重要的是，你必須察覺內心對這些平凡至極的單字產生哪些反應。

反覆默念單字，觀察自己出現哪些想法或情緒，以及腦海裡是否有浮現出畫面。這種感覺就是「分離正念」。

這是曼徹斯特大學的阿德里安・威爾斯博士發明的技巧，一般稱為「自由聯想作業」[11]。博士本身在進行治療時，就利用「分離正念」大幅提升了憂鬱症的治療成效。

另一個有效的手法是利用「隱喻」。隱喻也是知名的心理治療技術，使用目的為幫助患者理解「觀察」的概念。以下介紹3個最具代表性的隱喻。

(1) 隱喻為雲

「『分離正念』就像身處在雲海中，看著其他雲朵從身邊飄過一樣。雲原本就是地球調節天氣的重要系統之一。我們不可能改變雲的形狀或控制雲的動向，這麼做只是在浪費時間而已。就像幫飄過身邊的雲寫觀察日記一樣，好好掌握自己的想法跟情緒。雲終究會飄離，當雲還在空中飄動時，請不要試圖接觸它。」

請反覆閱讀這段文章，盡量具體想像自己和雲的關係。進行「分離正念」時，我們就像專心記錄雲朵動向的科學家。

(2) 隱喻為電車

「把自己的心想像成車站。想法和情緒就像通過的電車。在月台停靠的電車，隨後必定會發車。把自己想成站在月台上的人，目送電車離去。只要不搭上電車，就不用擔心會移動到其他地方。」

這個隱喻的著眼點為，認清想法和情緒「遲早都會離開」。像前面一樣具體想像自己站在月台上，注視自己未搭乘的電車駛出月台的模樣。這種感覺也很接近「分離正念」。

(3) 隱喻為牧草地

「假設你在牧草地養了一隻不聽話的牛。若在牛的周圍搭建柵欄，把牠關在狹窄的空間裡，想重獲自由的牛反而會暴動，造成更大的危害。此時你真正需要做的事情，是準備一塊更大的牧草地，大到無論牛再怎麼胡鬧也沒問題。擴大牧草地的行為相當於接受（acceptance）。雖然牛依然不聽話，但至少不會產生麻煩。」

有趣的是，多數人理解這些隱喻內容後，都能運用一定程度的「分離正念」。馴獸師學會與野獸的相處之道後，開始刻意跟野獸保持距離。

下次當你體內的野獸開始暴動時，請回想起其中一個隱喻，抱持著注視雲朵或牛隻的心態靜觀其變，回想起進行「自由聯想作業」時的感受，站在遠處觀察自己的心境變化。光是如此，就更有機會擺脫暴動中的野獸。

STEP❷ 打造聖域

無論是多麼德高望重的禪師，平日修禪及工作時，也總是待在有人管理的靜謐禪堂。就連以《悲慘世界》一書聞名的文豪維克多・雨果，也會在動筆前褪去全身衣物，交給佣人保管，迫使一絲不掛的自己無法在完稿前踏出房門。

掌握「分離正念」的感覺後，請創造一個能學習新技術的環境。事先排除可能會吸引野獸注意的誘惑，將工作環境重新打造成專屬自己的「聖域」。

當然不是要大家盲從雨果的做法，但是若想跟野獸和平共處，一定要提前整頓好作業環境。在行為經濟學的世界中，這種概念稱為「選擇架構」。若想正確運用「分離正念」，絕對不能缺少這個概念。

打造聖域的方法多不勝數，以下介紹幾個基本方針。

(1) 場所管理

首先要管理好作業場所。相信不用多說大家也知道，凌亂的辦公室或房間，很容易分散野獸的注意力。

扔在地上的漫畫、藥物或毛巾等生活用品，這些跟作業無關的東西，全都會吸引野獸的注意力，削弱馴獸師的力量。其中，會刺激食慾和性慾的東西特別容易導致野獸暴動，請務必徹底排除。

不妨利用第3章介紹的「儀式」概念，為自己訂定「早上要做的第一件事是整理作業環境」的規矩。基本上，作業環境只放工作相關資料最為理想。

接著我會以上述內容為前提，介紹其他打造聖域的小技巧。

⊙準備專用空間

建議大家在整理房間時，順便將作業環境打造成「專用空間」。請依照自己該處理的作業類型，分別準備專用作業環境。以下舉幾個例子：

- **讀書時只待在客廳**
- **工作時只待在房間的書桌前**
- **在家運動時只待在廚房附近**

為每項作業安排專屬作業環境，規定自己只能在固定地點做特定作業。發現專注力無法集中時，記得先暫時離開該作業環境，到其他地方休息。

刻意為各項作業安排專用空間的目的，是為了讓野獸記住「這裡是執行重要作業的地方」。人類的大腦具有連結「地點」與「情報」後，將之記錄於腦內的特質。當我們處於曾重複做同樣動作的地方時，自然會想採取該行動。

在近三十年的研究中，此技巧的效果已數度獲得證實。某項以學生為實驗對象的調查發現，在專用環境裡讀書的學生，成績比沒有專用環境的學生高出二〇～四〇%[12]。因為野獸明白「這裡是用來讀書的地方」，所以比平時更容易保持冷靜。

⊙量身打造專用空間

不過，應該有很多人的家裡騰不出專用房間，公司也只提供特定的作業空間吧？特別是現代的開放式辦公室，總是充斥著大大小小讓人分心的元素。有統計數據指出，當人處在開放式作業環境時，容易分心的程度比封閉式作業環境高出六四%[13]。

遇到類似狀況時，請為作業環境「賦予象徵」。「賦予象徵」的具體做法如下：

- **用隔板或家具等物品將房間隔成數個區域，為各個區域賦予特定的功能，例如：「此處是學習區」、「此處是休息區」、「此處是是讀書區」等。**

- **想辦法把自己的辦公桌跟同事的辦公桌完全區隔開來（「若同事的桌子髒亂無比，就把自己的桌子清理得一塵不染」、「擺放只有自己會用的獨特筆記本或文具」等）。區隔完成後，提醒自己不要在辦公桌上補眠或吃東西，只能專心上班。**

這兩種手法相當於在腦內清楚區隔出「作業空間」跟「學習空間」，能產生與準備專用空間同等的效果。若不方便用家具分隔空間，也可以在地上貼紙膠帶，光是如此，就能讓野獸認同「這個地方的使用目的跟其他地方不同」。

(2) 數位產品管理

大家都心知肚明，在現代社會中，數位產品已經成了分散專注力的元凶之一。

不停跳出的社群軟體訊息通知、突然冒出的廣告頁面、玩到一半的遊戲等，這所有的一切，都會吸引野獸的目光，瞬間擊潰我們的專注力。

近年研究指出，手機通知音只需要二・八秒的時間就能打斷我們的注意力⑭。看了訊息通知或廣告後，我們的認知功能會下降，導致作業效率驟降到一半以下。

接下來，讓我們看看幾個能減輕數位環境傷害的方法。

⊙準備專用的電腦或手機

最理想的情況是大手筆投資工作用和私人用的電腦或手機，將與工作無關的「個人收藏」、APP、影片、文件等資料從工作用裝置上全數刪除，並將與工作相關的檔案和APP從私人用裝置上全數刪除。

這麼做的目的跟前面介紹的「打造專用作業空間」相同，是為了讓野獸明白「這是工作專用的裝置」。雖然「打造專用作業空間」的效果更理想，但礙於某些因素無法實踐的人，不妨嘗試此方法。

⊙區分使用者帳號

無法準備多個裝置的人，可以在一台電腦或安卓手機上建立多個使用者帳號，區分出工作帳號跟私人帳號。

將工作帳號設定成只能點擊相關檔案，並設定一張跟私人帳號完全不同的桌布，以便野獸迅速辨認帳號類型。此外，為了防止自己輕易切換帳號，請務必加強密碼的複雜度。雖然這個方法的成效比不上準備多個裝置，但依然能達到一定程度的預防分心效果。若你的公司不允許員工「打造專用作業空間」，那你至少要區分出自己的使用者帳號。

⊙降低手機的魅力

若你用的是 iPhone 等無法同時登錄多個帳號的手機，就得想想其他對策了。

既然無法切換帳號，就只能降低手機本身的魅力。

最理想的對策是把手機交給朋友或另一半，拜託他們「在工作結束前暫時幫忙保管」。若沒有能寄放手機的對象，也可以把手機放在衣櫥或架子深處等不易取出的地方。別忘了要先關機。

工作中必須使用手機的人，請提前將不必要的 APP 從主畫面移除，使主畫面處於幾乎完全空白的狀態。尤其是遊戲、社群軟體等 APP，請全部裝進同一個資料夾後，盡量放到後方的頁面。

想進一步降低手機魅力的人，也可以把螢幕改成黑白畫面。在 iPhone 的設定中選擇「灰階」，即會變成黑白螢幕。

有實際試過的人都知道，光是這個簡單的設定，手機的魅力指數就會大幅降低。野獸具有容易被鮮豔色彩吸引的特質，對單調的黑白畫面不會有太大的反應[15]。

試著想像一下，黑白的遊戲和 Instagram，你應該沒有太大的興趣吧？設定灰階模式也是平時預防手機成癮的手段之一。

⊙善用封鎖程式

就算準備了工作專用的裝置，上班時也有可能需要連接網路，此時若處於能自由進入所有網站的狀態，專注力依然會遭到分散。

現代人最需要遠離的網站是新聞網站跟社群網站。

正如大家所知，當今的新聞報導善於煽動民眾的情緒，經常優先報導容易引發眾怒的新聞，或用煽情的字眼渲染無傷大雅的事件，想盡方法吸引民眾的目光。

不僅如此，以推特為首的社群網站上充斥著失禮、不恰當的言詞，也是眾所皆知的事實。就算自己並非遭到無禮對待的當事者，稍微瞄到負面言論或爭執場面，依然會讓我們的專注力大幅降低。

某研究分析約一千九百萬條推文後發現，推特使用者特別容易放大負面情緒，即使是性情溫和的人，在一片謾罵或負面風波延燒的影響下，情緒也會跟著沸騰。當然，避免此問題的唯一方法，就是減少情報的攝取量。

具體行動可利用「Freedom」等封鎖程式，於 Windows PC、Mac、iPhone 等裝置上封鎖新聞或社群網站。我也有在封鎖程式裡登錄常用的社群網站和新聞網站，限制工作開始後八小時內無法進入。

(3) 聲音管理

「聲音」減少對策，在現代顯得格外重要。鄰居的說話聲、冷氣室外機的運轉聲、街上的宣傳聲、建設施工的震動聲等日常噪音，都是分散野獸注意力的元凶。

現階段最理想的防噪對策，是配戴具有噪音隔離功能的耳機。噪音隔離技術在近幾年有明顯的進步，SONY、BOSE 等品牌的高階機種，甚至能將貨車行駛中的引擎聲降低成圖書館的窸窣聲。

若高階耳機的價位超出預算，請用音樂覆蓋噪音。想必有很多人早已經習慣在作業時播放背景音樂了吧？

音樂的功效自古以來就為人所知，有超過四百件研究證實，音樂能減輕壓力及增加多巴胺的分泌量⑯。只要懂得利用音樂，你的專注力絕對能有所提升。需要特別留意的是，我們得先明白幾個重點，才能正確活用背景音樂的效果。若沒有提前掌握下列重點，音樂帶來的成效將大幅降低。

⊙認清自己是外向還是內向

先來摸清楚自己的性格吧！能否靠背景音樂提升專注力，取決於你的個性⑰。

- **外向的人＝作業中播放音樂能提升專注力**
- **內向的人＝作業中播放音樂會降低專注力**

性格外向的人容易受到外界刺激鼓舞，聽音樂能提高專注力；性格內向的人對外界刺激較為敏感，聽音樂反而會導致專注力下降。

判斷自己屬於外向性格或內向性格的方法很簡單，若你覺得自己「善於社交且熱情」，代表你個性外向；若你覺得自己「內斂而文靜」，代表你個性內向。若你是個性內向的人，作業時頂多只能聽潺潺流水聲或風聲等自然音，或是用白噪音覆蓋噪音。就算忍不住想聽音樂，也只能聽類似布萊恩・伊諾的環境音樂等曲子。

⊙絕對不能聽有歌詞的曲子

不過，即使是個性外向的人，聽有歌詞的曲子時專注力也會下降[18]。作業中聽到人聲時，野獸會反射性地想解讀人聲內容，如此一來，大腦的處理能力便會遭到瓜分。就算沒有歌詞，若音樂的曲調或節奏過於複雜，同樣不適合用來提升專注力。資訊量龐大的音樂，容易吸引野獸的注意力。作業時的背景音樂請使用純音樂。

⊙休息時間聽音樂能提高作業效能

多倫多大學某知名實驗的結果顯示，若在完成一份作業後聽音樂，後續作業效能將有所提升[19]。此時播放的音樂最好是自己熟悉的曲子，聆聽喜歡的旋律能讓野獸產生安心感，更容易提升下一份作業的專注力。休息時請盡情聆聽自己喜歡的曲子吧！

STEP 3 讓馴獸師脫離自我

整頓好作業環境後，最後進入強化「自我觀察」能力的階段。能強化此能力的技巧非常多，在此僅介紹「後設認知」、「ACT」等先進心理治療領域推崇的兩個技巧。

(1) 情緒評分

情緒評分是一種訓練方式。當你無法集中精神處理重要作業時，可以把內心的情感變化轉換成百分比來評分。舉例來說，若你在作業過程中突然想瀏覽跟工作無關的網站，你可以這樣剖析自己的內心：

「工作好無聊，害我想上網摸魚了。現在覺得無聊的程度大概是四〇%吧。但其實除了無聊以外，我還覺得有點煩躁……，煩躁程度大概是二〇%吧。仔細想想後發現，我的內心深處還產生了一種『想丟下工作逃跑的心情』……，這種心情大概佔了一〇%吧？像這樣自我剖析後，我的煩躁感減少了，現在剩下一〇%左右。」

請像這樣實況轉播自己的情緒變化。情緒強度最強時為一〇〇%，沒有任何感覺時為〇%。人的專注力在發生變化時，肯定或多或少會引起情緒波動。無論野獸是對眼前的作業感到厭煩，還是被其他事物吸引，牠都正在用情緒的力量，試圖把你推往其他方向。若不及時採取對策，你的行動將受到情緒支配，進而引發「好無聊→去玩遊戲好了」或「好煩躁→去吃點心好了」等行動模式。

不過，只要懂得利用情緒評分，你就能客觀檢視自己的情緒變化。多虧如此，馴獸師才能脫離情緒掌控，保持理性。

(2) 將情緒轉換成物質

情緒評分是一種簡單有效的方法，但實際運用時，難免會遇到無法用言語描述當下情緒的情況。「總覺得莫名消沉，這種感覺不是無聊，也不是煩躁……。」類似這種找不到適當表現方式的情況。

此時請訓練自己「將情緒轉換成物質」。當你在作業過程中產生難以名狀的情緒時，試著想像「如果現在的情緒是物體，會呈現什麼模樣呢？」

例如，當你工作到一半想滑手機時，可以這樣觀察自己的情緒：

「現在的情緒是深灰色，大小如網球，卡在心窩快速震動……，頭部與後頸的連接處也藏著形似毛球的情緒……。」

這種訓練法的重點是一邊想像「如果情緒是物質會是什麼模樣」，一邊像科學家一樣仔細觀察。若無法順利想像情緒的樣貌，請詢問自己下列問題：

- 這份情緒是什麼顏色呢？
- 這份情緒的體型多大呢？跟豆子一樣嗎？跟網球一樣嗎？跟大樓一樣嗎？
- 這份情緒位於體內何處呢？佔多大空間呢？
- 觸碰到這份情緒時，會有怎樣的觸感呢？硬的？軟的？粗糙的？光滑的？
- 這份情緒的溫度如何？是熱或是冷？
- 這份情緒是怎麼活動的呢？不停震動？靜止不動？像心臟一樣跳動？若它正在活動，活動速度又如何呢？

實施此訓練的時間愈長，我們就愈熟悉野獸的反應，慢慢掌握野獸容易分心的時間點和場面，例如：「每次作業遇到瓶頸時，野獸都會把視線轉移到網路上……。」、「不管做什麼作業，野獸都會在一小時左右以後產生食慾……。」若能提前做好心理準備，即使專注力瀕臨潰散，馴獸師也比較不容易遭到野獸波及。今後再遇到無法專心的狀況時，請安慰自己「這是鍛鍊馴獸師的好機會」。

想要提升專注力時，「將自己脫離情緒」的技巧絕對能派上用場。

忍不住想瀏覽社群網站，或逃離工作瓶頸引發的焦慮感時，只要暫時脫離害你分心的情緒，就能迅速回歸原本的工作。

但此時絕對不要刻意調整自己的情緒。

「現在太無聊了，要讓自己開心一點！」、「得想辦法降低焦躁感才行！」就算你這麼想，野獸也絕對不會乖乖聽話。更嚴重的是，就像前面「隱喻為牧草地」提過的，勉強壓抑情緒，野獸反而會死命抵抗。靜下心來為情緒評分，靜待野獸的支配力減弱，是「自我觀察」的最大重點。

書本內容無趣，沒心情讀下去時，先幫這份情緒評分後，回頭繼續讀書；工作難度太高，心煩意亂時，先幫這份情緒評分後，回頭繼續工作……。一開始或許會覺得有點難度，但只要反覆評分數次，自然能習得將馴獸師脫離情緒的能力，等到掌握此能力後，發現自己快要分心時，就能從容不迫地告訴自己：「啊，野獸又覺得無聊了。」這樣一來，就比以往更容易找回專注力。而你唯一能做的事情，就只有站在遠處觀察野獸發狂的姿態，等牠自行恢復冷靜而已。正確掌握此關鍵，就能大幅提升維持專注力的可能性。

Chapter

6

放棄並休息

～消除疲勞和壓力的放鬆法～

1 專注力是個「調皮鬼」

最後帶大家看看提升專注力時最容易遺漏的要素。一旦遺漏這個要素，前面介紹的專注力提升技巧的成效將大打折扣。大家覺得這個要素是什麼呢？

答案是「暫時放棄專注力」。

「都到最後關頭了你在說什麼傻話？」我彷彿聽到了質疑聲浪，但若想長時間維持高度專注力，就必須具備「放棄」的能力。因為無法發揮專注力的人，不知為何容易出現以下心理特徵：

(1) 過度追求專注力

(2) 過度責備缺乏專注力的自己

第一個問題是「愈渴望專注力的人，專注力會愈差」。當然，制定「我要提升專注力成為高效能人才！」等目標並非壞事，只不過這些目標恐淪為提升專注力時的絆腳石。

佛羅里達州立大學的研究證實了這點。回答「想得到高度專注力跟自我掌控能力」的實驗對象，往往無法集中精神處理眼前的作業①。這些渴望專注力的人，工作效能其實相當低。

接著來簡單說明此問題的成因。

首先，無論再多科學證據背書的正確技巧，使用後仍會面臨無法發揮專注力的窘境。正如我一再強調，野獸引發的專注力渙散現象，會對我們造成巨大的影響，沒有任何人能夠每分每秒都發揮一〇〇%的專注力。

然而，此時若過度糾結專注力的問題，馴獸師會開始自暴自棄，認為「自己沒有能力」。過度在乎專注力，反而放大自身的不足。

在馴獸師不斷自我嫌棄的過程中，將發生第5章介紹的「故事轉換」現象。「自己是個缺乏專注力的人」的新故事傳入野獸耳中，成為自我認同的一部分。

當人處於這樣的心理狀態時，根本不可能提起勁面對重要的作業。專注力就如同「青鳥」，有著怎麼追也追不著的特質。

第二個問題是「過度責備缺乏專注力的自己」。雖說厭惡失敗是人的本性，但若每次分心都怪罪自己，絕對會吃不消。近年心理學界也數度證實，「自責的念頭」會對人類的效能造成負面影響。

最具代表性的證據是薩爾斯堡大學於二〇一四年發表的論文②。一開始研究團隊先詢問實驗對象「是否尊敬自己」、「對自己抱有多少負面情緒」等問題，確認全員的自責念頭，接著交叉比對全員的回答與腦部核磁共振影像，發現容易自責的人，大腦皮質中的灰質有偏少的傾向。

灰質是大腦神經細胞密集的部位，具有情緒調節機能。馴獸師的能力必須靠灰質輔助才能發揮，灰質的總量少，專注力自然大幅下降。自責念頭之所以導致腦部體積縮小，是因為灰質的抗壓性相當低，無論是挨罵的壓力、討厭公司的壓力，還是跟朋友吵架的壓力，任何精神負擔都會對腦細胞造成傷害，若不妥善控制，灰質將會日漸減少。

- 然而，**在多如繁星的壓力中，「自責念頭」是最糟糕的存在**。

若是來自他人或環境的壓力，只要暫時拉開距離，就有機會全身而退。若不想碰到討厭的人，可以刻意避開，若上班太痛苦，也有辭職這個最終選項。反之，負面思考會從自己的體內展開攻勢，無法輕易迴避。若不採取應對措施，只要作業一失敗，我們腦子裡就會浮現「我又無法集中精神了」、「我還不夠努力」等念頭。每當自責念頭浮上腦海時，灰質都會一點一滴地遭到消滅。此狀況正是所謂「最大的敵人就是我自己」。

以上兩個問題都非常棘手，使得現代科學界提出了「放棄專注力」的結論。唯有坦然接受未達成目標的自己、無法集中精神的自己、敗給眼前慾望的自己，才有辦法解決這兩大難題。

這個方法名為「自我接納」，講白一點就是要人「放棄無謂抵抗」。

如前所述，專注力沒有所謂的「絕對」，無論用了有多少科學證據背書的正確技巧，也免不了失敗。做足萬全準備依然無法集中精神的例子更是不勝枚舉。野獸暴動是必然的現象，一見狀就唉聲嘆氣，只是在浪費時間而已，還不如從一開始就以失敗為前提，培養出不會被小問題動搖的強韌心靈。最理想的情況是即使失敗依然保持冷靜，回頭繼續處理該做的作業。

然而，常有人把「自我接納」跟「別在意失敗！」、「你要忠於自我！」等建議混為一談。

失敗確實不容忽視，拘泥自我也會導致成長受限，重點是要認同自己的缺陷，保持冷靜分析失敗，使之成為通往目標的助力。**換句話說，「自我接納」稱得上是「好好消化掉負面思考」的手法。**

2 自我接納能幫助我們迅速切換消極思考

現已開發出多種能訓練「自我接納」的方法，以下介紹四個最常見的技巧。這四個技巧都實際被應用在心理治療領域，經確認能大幅提升焦慮症患者的專注力，並大幅改善減重者的自我控管能力。建議大家先瀏覽一遍，並從可能達成的技巧開始嘗試。

自我意象

首先要介紹的是加州大學研發的「自我意象」。被自身失敗搞得愁眉苦臉，或遭到負面思考支配，無法集中精神時，此技巧能有效發揮作用。

「自我意象」的執行步驟如下：

(1) 想像友人帶著理解與關懷，提供建議給正為失敗所苦的自己

(2) 仔細想像這位友人跟自己說的話，把內容寫在紙上

雖然這是個極為單純的技巧，但相較於正向思考的小組，使用自我意象的小組能進入更高層次的自我接納領域，成功跨越失敗，產生勇往直前的動力③。畢竟再怎麼嚴以律己的人，面對朋友時都想保持溫柔的態度。用想像的力量將這份體貼轉換成面對自身失敗的力量，正是此技巧的關鍵。當你無法達成目標，心情盪到谷底時，請立刻用「自我意象」接受失敗，繼續前進！

暫時休息

「暫時休息」是ＡＣＴ等第三代心理治療法的常用技巧。執行方法很簡單，當你產生想自我批判的心情時，請試著問自己：

- **有證據能證明眼前這個糟糕的狀況「是因為自己缺乏專注力所造成」？或眼下局勢是否確定「已經無法達成目標了」？**

靜下心來想想，幾乎沒有人會因為一次的失敗就「斷定自己是個缺乏專注力的人」或「斷定目標已經失敗」，但容易糾結於失敗的人，光是一次的失敗就足以大受打擊，彷彿自己生來就是個沒用的人，不斷責備自己。

若放任此狀態不管，久而久之，野獸將採信「自己缺乏專注力」的新故事，進化成更難纏的對手。當腦中浮現負面想法時，請立刻自問「是否有證據能證明這個想法」，別被自責念頭纏身。

2分鐘承諾

這也是心理治療領域常用的技巧，能提前決定執行自我接納的時間點。具體執行步驟如下：

(1) 訂下一天六次的自我接納時間（起床後或睡覺前等）。

(2) 到了規定時間後，回憶起「過去失敗經驗」或「負面思考」，不做任何批評，保持此狀態2分鐘。

事先在一日當中決定幾個「絕對不批評自己的時間點」，每到這些時段，無論腦中浮現多麼負面的想法都不予理會。這個技巧也能成為第6章介紹的「自我觀察」的訓練法之一，訓練時間愈長，愈容易抓到與野獸保持距離的訣竅。

正向資源法

想用更積極的態度面對失敗的人，也可以嘗試「正向資源法」。這是密西根大學公布的方法，基本理念非常單純。

- **未能達成目標，產生自責念頭時，轉而做其他有助於工作或學習的新嘗試**

別想得太複雜，故意在失敗時迎接新挑戰就對了。例如：趕不上企劃書交期，心情沮喪時，換用沒用過的會計軟體；學習進度不如預期，焦慮不安時，換用新的學習方式等。請選擇自己從沒接觸過的新鮮事，踴躍嘗試。

密西根大學的實驗結果顯示，相較於採用「聽喜歡的音樂」、「享受按摩」等平凡放鬆法的小組，使用「正向資源法」的小組對失敗的容忍度更高，而且在進入下一階段的作業後，依然能維持高度專注力④。

關於這項結果，研究團隊表示：「想跟負面情緒面對面時，最重要的是學習新事物，創造正向資源。」一般「放鬆法」的主要功效是舒緩壓力造成的身體緊張感，而「挑戰新事物」這項行為帶有積極成分，能幫助消沉的馴獸師奪回新能量。

使用「正向資源法」時，應留意以下幾個重點：

①選擇能活用自身「長處」的事物

就像「VIA SMART」介紹過的，在日常生活中活用自身長處，能有效改善心理狀態。此思維也通用於「自我接納」。選擇能活用自身長處的作業，強化對自責念頭的抗性，專注力也會隨之提升。請先利用「VIA」測試來掌握自己的長處吧！

②選擇能「學習」的事物

採取能吸收新知識或技術的行動，也是「正向資源法」的重點之一。請選擇「掌握新軟體的用法」、「閱讀統計的必要書籍」等，有機會幫助到未來自己的作業。藉此累積正向資源的總量，培育出不畏懼失敗的堅強心智。

3 用科學手段消除疲勞和壓力

盡可能找回長時間勞動消耗掉的專注力

希望大家在學習「放棄專注力」的同時，也能掌握「正確休息」的技術。無論補充了多麼豐富的養分，能夠多麼熟練地運用馴獸技巧，終究會面臨極限。當肉體筋疲力盡時，我們不可能繼續維持專注力；累積過量的精神壓力時，大腦也不可能持續運轉。

尤其是馴獸師抗壓性極低，若是沒有定期紓壓，遭野獸掠奪心智的風險將大幅增加。典型例子包括工作太疲累時，放任自己吃垃圾食物，以及一股腦拼命讀書後，連看兩小時的網路影片等。

慶應大學和墨爾本大學在二〇一六年做了一項有趣的調查。

研究團隊召集約六千五百名男女，調查全員工作狀況後，對他們進行專注力及記憶力測試。從統計資料能明顯看出以下傾向⑤：

- **每週工作時數一旦超過三十小時，認知功能就會受到負面影響**
- **女性最理想的工作時數為每週平均二十二～二十七小時**
- **男性最理想的工作時數為每週平均二十五～三十小時**

在此研究進行的三項認知測試中，認知功能最高的人，每週工作時數都在二十五～三十小時範圍內。至於每週工作時數超過五十～六十小時的人，不僅記憶力會衰退，大腦運轉速度減慢，專注力也會急速降低。

另有諸多報告同樣指出「勞動時間愈長，會導致認知功能降愈低」。毫無疑問地，超時工作的疲憊感會對專注力造成負面影響。正如李奧納多・達文西所言：「工作狂會喪失判斷力。」

仔細想想，這倒也不意外。根據人類學的研究，至今仍在非洲過著原始生活的狩獵採集者，每週平均勞動時數不超過二十～二十八小時，他們會把剩下的時間用在睡眠、休息或玩樂上[6]。從人類的演化過程來看，每週工作四十小時是在極為近期才開始出現的現象。

儘管熱帶莽原的生活百般艱難，但毫無疑問地，狩獵採集者的休息時間絕對比先進國家的居民更多。應該說我們的心靈和身體，其實尚未習慣每週超過四十小時的勞動量。

話雖如此，現代人實在很難把工作時數縮減到每週三十小時以內。根據

ＯＥＣＤ的調查，日本人的平均工作時數為每週四十小時，若是精力旺盛的三十多歲年輕人，每週工作六十小時也不足為奇。只會嘴巴上喊著：「拒絕超時工作！」的人，什麼問題也解決不了。接著來跟大家介紹幾個「有科學根據的正確休息方法」，以免累積疲勞或壓力，導致專注力降低。我會依照實行難易度逐一介紹，無法確保適當休息時間的人，請從等級①的方法開始逐步實行。

等級❶小憩片刻

「小憩片刻」是利用數十秒到數分鐘的零碎時間頻繁休息的方法。若能確保一段完整休息時間當然最理想，但當我們無法長時間休息時，至少要懂得「小憩片刻」。

某研究指示實驗對象持續盯著電腦螢幕做作業，過程中利用短短四十秒時間播放有花朵和綠意的風景照，結果發現實驗對象不僅能持續維持高度專注力，連出錯率也大幅降低⑦。當然，此方法尚不足以減輕肉體受到的傷害，但若只是想暫時紓緩腦部壓力，短短四十秒就足以見效。

發現大腦疲累指數升高時，可以看風景照轉換心情，或是瞄一眼窗外的大雲朵。光是這些小動作，就能預防作業產能降低。

等級❷ 工作休息

不擅長掌握休息分寸的人，經常在停下手邊作業準備休息的當下，體內野獸就開始暴動。類似情況如：本來只想玩手機遊戲五分鐘，結果卻愈玩愈入迷，回過神來已經玩了三十分鐘，根本無心工作。

心有戚戚的人，請試著採用「工作休息」的方式，在各項困難工作之間，穿插簡單的工作。

簡單工作的內容不拘，可以是確認郵件、用貼圖回覆工作訊息、安排今後的行程，甚至是上網購買私人生活用品等。這類不用想得太複雜就能完成的工作，都可以當成「工作休息」之一。

簡單的工作能暫時減緩大腦的運轉速度，稍微減輕馴獸師的疲勞感，而且此方式並不會使野獸完全抽離工作，能確保野獸的工作動力⑧。也因此，在執行重要工作前，不妨先列出幾項能輕鬆完成的工作。

等級❸ 運動休息

「運動休息」是靠輕度身體活動來重整大腦的方法。應該有很多人習慣在休息時起身走動吧？近期的研究結果顯示，無論運動強度多低，都能帶來超乎想像的效果。

舉例來說，某個以學生為對象的實驗發現，光是讓學生做最大心跳率約三〇％的運動十分鐘，學生的腦功能就會獲得改善。從智力測驗的結果也能看出，學生的專注力跟記憶力都有明顯提升。

「最大心跳率約三〇％」的運動強度相當於一般的健走，雖然目前還不曉得這個運動強度為何能提升專注力，但專家普遍認為，應歸功於血流增速及腦內荷爾蒙變化。哪怕只是散步十分鐘，專注力也會有所提升，建議大家三不五時就起身動一下。

等級 ❹ 激烈運動休息

激烈運動休息是用比散步更劇烈的運動幫助大腦休息的方法。

「激烈運動後超累的耶！」也許你會這麼想，但從提升專注力的觀點來看，可就不是這麼一回事了。從麥吉爾大學的實驗數據可以看出，實驗對象用短跑速度踩腳踏車機十五分鐘後，認知測試的成績大幅上升⑩。看來劇烈運動確實能帶來絕佳的專注力提升效果。

之所以會出現此現象，是因為激烈運動能釋放大腦的記憶體。靠短跑等運動活動身體，使心跳加速到極限後，任何人都將失去深入思考的餘力。多虧如此，大腦能釋放囤積的壓力，幫助馴獸師卸下重擔，與此同時，也會產生巨大的精神重整效果，提升下一份作業的專注力。

目標運動強度為呼吸急促到無法言語的程度。運動種類不拘，跑步或跳繩都無所謂，只要能滿足此基準即可。

相信大家都清楚，沒睡飽或精疲力盡時，絕對禁止劇烈運動。若在肉體尚未恢復的狀態下增加心跳次數，反而會形成壓力，導致腦部功能降低。「激烈運動休息」僅限身體狀況良好時使用。

等級❺美軍式助眠操

有高品質的睡眠，才能消除壓力跟疲勞。相信大家都不想在起床後渾身不舒暢的日子上班。

睡眠不足造成的專注力渙散問題，原則上只能靠補充睡眠來解決。白天想打盹無法專心工作時，除了要重新檢視每晚的睡眠品質，也要睡個至少三十分鐘的午覺，修復耗損的精神。

從相關書籍能找到許多改善睡眠的方法，在此我只跟大家介紹「美軍式助眠操」。如名所示，這是美軍基於運動心理學知識打造出的技巧，目的為改善飛行員的心理狀況[11]。

美軍的實驗成果相當驚人，有九六%的飛行員採用此方法後，成功在一百二十秒內迅速入睡。夜間無法熟睡或沒有午睡習慣的人，請務必一試。

「美軍式助眠操」的五個步驟如下：

STEP❶ 臉部放鬆

放鬆身體坐在椅子上或躺在床上，將注意力集中在臉部，慢慢呼吸，依照以下順序放鬆臉部肌肉。

- 額頭↓眉間↓太陽穴↓眼睛周圍↓臉頰↓嘴巴周圍↓下巴

若無法掌握肌肉放鬆的感覺，可以針對各部位施力後一口氣放鬆。眼睛周圍的肌肉特別難放鬆，可以想像眼球陷入腦中的感覺，應該比較容易放鬆。

STEP❷ 肩膀放鬆

放鬆完臉部後，接著來放鬆肩膀。此時的重點是感受肩膀失去活力，慢慢陷入地裡的感覺，不留一絲力氣，一邊慢慢呼吸一邊放鬆。

STEP ❸ 雙手放鬆

接著將注意力集中到手上。跟放鬆肩膀時一樣，想像雙手陷入地裡的感覺，慢慢放鬆。若無法掌握肌肉放鬆的感覺，可以試著用力握拳後張開雙手。順利放鬆手臂後，再用同樣的方式放鬆手掌和手指。

STEP ❹ 雙腿放鬆

用同樣的方式放鬆雙腿。想像雙腿陷入地裡的感覺，將腿部重量壓向地面。無法掌握肌肉放鬆的感覺時，同樣先於腿部用力施力後放鬆。

STEP ❺ 思考放鬆

最後請確保短短十秒鐘的「放空」時間。

野獸禁不起負面思考的攻勢，光是腦中浮現明天的工作或過去的糟糕經驗，就會不自覺繃緊肌肉。為了避免此狀況發生，請暫停思考十秒鐘。

不過，有些人在接收到「不要想太多」的指示後，反而會全身緊繃，冒出負面想法。遇到此類狀況時，以下幾個技巧能帶來不錯的效果：

- **用十秒鐘時間在心裡告訴自己「別亂想、別亂想」**
- **想像自己乘坐獨木舟，在安靜的湖畔望著藍天發呆**
- **想像自己在昏暗的房間裡，躺在左右擺動的吊床上**

助眠操到此結束。此技巧的成效因人而異，有些人光是放鬆臉部就能順利入睡，有些人完成思考放鬆後依然輾轉難眠。若完成最終階段後仍無法入睡，請不要過度擔心，從頭再來一次便是。重複做幾次後，身體將逐漸掌握放鬆的感覺，睡眠品質自然會有所改善。

在超時工作已成理所當然的現代社會中，「放棄並休息」成了重要的自我保護對策之一。若放任自責念頭跟疲勞感折磨馴獸師，到頭來將無人能抓住野獸的轡繩。

「放棄」和「休息」的優先順序並無硬性規定，比較妥當的安排是，精神問題較嚴重的人，將鍛鍊重點放在「放棄」上；明顯感受到肉體疲勞的人，優先進行「休息」。尤其是白天容易有強烈倦怠感的人，務必先靠「美軍式助眠操」改善睡眠品質。

在漫長的人生中，肯定會遇到需要「放棄並休息」的情況。當你完成能力範圍內的所有事情後，哪怕操碎了心，情況也不會改變，此時唯一能做的事只有三十六計——休息為上策。

結語

獲得「最高專注力」，其實是一項艱難的工程。

為了戰勝野獸，我們幾乎天天都得微調報酬的預感，還得長時間反覆執行儀式，改寫出專屬自己的故事。這段過程講求能與激烈情緒正面交鋒的技術，而且每次面對激烈情緒時，我們的身心靈都會遭到耗損。

「像這樣壓抑慾望有什麼樂趣可言？」

有些人在讀完本書後也許會有這個疑惑。

既然注意力渙散是人類的天性，那我們是否該放棄提升專注力，依照野獸指示過活呢？順從原始慾望過日子才是人類該有的生存之道吧？就算大家冒出這些想法，我也不覺得意外。

沒錯，自古以來確實有不少類似的思想。舉例來說，古希臘的昔蘭尼學派主張瞬間的享樂為善，將尋求眼前的歡愉視為人生至福。他們認為與其制定規矩約束日常生活，不如追求當下的愉悅。

我並不完全否定這個想法。過度禁慾的生活枯燥乏味，若眼前沒有任何喜悅，我們也提不起勁朝著長期目標努力。事實上，在生物演化的過程中，活在當下的生物幾乎都順利存活至今。

不過，在商品與服務高度發展的現代社會，只追求眼前歡愉的人生，反而會奪走我們的自由。餓了就吃美食、隨心所欲暢玩遊戲、沒幹勁就罷工，不受任何拘束，自由自在地過生活，這種看似人人稱羨的生活方式，其實幾乎沒有一絲個人意識。

換個角度來看，所謂自由自在過生活，等於處在被食品提供者刺激食慾、遭遊戲製作師操弄僥倖心態，以及用提不起勁當藉口，限制自身行動的狀態。「不受任何束縛，自由自在的生活方式」乍聽夢幻，其實只是自身慾望遭他人掌控罷了。

從這方面看來，培養「超級專注力」的過程，將賦予你真正的自由。學會與體內野獸的正確相處之道，等於擺脫慾望遭到他人操弄的狀態，重新奪回人生主導權。

為了尋求真正的自由，我們只能主動踩剎車。這種生活方式絕對不死板，不僅能幫你奪回人生的掌控權，從長期角度看來，還將成為一段帶領你收穫更多幸福的正向路程。

「最高專注力」實踐規劃表

本書介紹的多數技巧，皆經由複數整合分析或RCT確認成效，無論挑哪一個來嘗試，都能提升專注力。

話雖如此，各技巧的證據質量不一、成效懸殊也是事實。因此，若能先從成效較佳的技巧開始，確認專注力能改善到何種程度，應該更容易看到效果。

最後要介紹的是能幫大家活用本書技巧的規劃表。此規劃表從最容易實施且效果顯著的技巧開始循序漸進。先從簡單的技巧開始，等到熟悉後再挑戰需要一段時間才能看到效果的技巧。我們的長期目標是鍛鍊馴獸師的心智，使其能在野獸暴動時處變不驚。

等級⓪調整健康狀況

健康管理是維持大腦正常運作的基本原則。健康狀態不佳時，不管多完美的心理技巧，都只能得到短暫的效果。

因健康狀態不佳而無法專心的人，至少要遵守七成的「MIND」飲食法，同時利用「激烈運動休息」及「美軍式助眠操」改善體力及睡眠品質。

順便提醒大家，攝取咖啡因只是一種建議手段，沒必要強迫自己攝取。

等級❶徹底執行發問行動

在多不勝數的心理技巧中，「發問行動」是信賴性、即效性與效果量達到最完美平衡的技巧。若無法同時運用多項技巧，至少要先徹底掌握「發問行動」。

每天早上設定好「每日任務」後，將之套入「發問行動」的「問句」即可。

等級❷ 採取阻礙對照

「阻礙對照」同樣是經過實證的高效技巧之一。建議大家參考「簡易版報酬感計畫」的步驟，與「發問行動」併用。

等級❸ 打造聖域

養成用「簡易版報酬感計畫」管理每日作業的習慣後，再想辦法「打造聖域」，效率更佳。此時請優先採取最容易看到效果的「場所管理」和「數位產品管理」。若尚有餘力，再試著配合「情緒評分」、「將情緒轉換成物質」等訓練方式。但這些技術難度較高，嫌麻煩的人可以等到進入等級⑦後再來嘗試。

等級❹完整版報酬感計畫

等到能自動自發地執行「簡易版報酬感計畫」後，請務必挑戰完整版。此時不妨同時採用「小憩片刻」、「工作休息」或「運動休息」等簡易休息法。

等級❺以「記錄」為基礎，持續執行儀式

「儀式」章節介紹的技巧，都需要經過一段時間，才能看到成效。別期望短期見效，至少要連續實施8週。效果量最大的儀式型技巧是「記錄」。無論是採取「報酬感計畫」還是「MIND」都無妨，總之請先養成記錄的習慣。

最好等到養成「記錄」習慣後，再用「連續儀式」增加正確行動的總量。請利用「完成偏誤」或「些許不適感」進行協助。

等級❻ 聚焦於同儕壓力創作故事

接著進入鍛鍊馴獸師的階段。此等級的技巧大多需要花費更長的時間，必須做好長期抗戰的準備。效果最明顯的馴獸師鍛鍊技巧是「同儕壓力」。首先，建議先尋找志同道合的團體，積極參與其中。找不到適合團體的人，請按照「指示型自我對話」→「VIA SMART」的順序逐步尋找。「自我暗示」和「工作變更」的證據質量偏低，可當成備用技巧。

等級❼ 學會脫離情緒的技巧

第5章「自我觀察」是本書最困難的章節。馴獸師無法一朝一夕便脫離情緒，途中將遭遇無數次失敗。但也因為如此，當馴獸師習得「自我觀察」技巧後，能感受到極為強大的效果。若你想將專注力提升到「超強」等級，這將是一條必經之道。

想要進行脫離情緒的訓練時，請按照「情緒評分」→「將情緒轉換成物質」的順序執行。這兩項技巧的科學信賴度相當，但「情緒評分」見效的速度較快。

當然，也別忘了同時採取「暫時休息」或「正向資源法」，提前為失敗做好準備。

參考文獻

序章

1. Ernest O, Boyle Jr. and Herman Aguinis (2012) The Best and the Rest: Revisiting the Norm of Normality of Individual Performance
2. Henry R. Young, David R. Glerum, Wei Wang, and Dana L. Joseph (2018) Who Are the Most Engaged at Work? A Meta-Analysis of Personality and Employee Engagement
3. McKay Moore Sohlberg and Catherine A. Mateer (2001) Cognitive Rehabilitation: An Integrative Neuropsychological Approach
4. Simon M. Laham, Peter Koval, and Adam L. Alter (2011) The Name-Pronunciation Effect:Why People Like Mr. Smith More Than Mr. Colquhoun
5. David E. Kalist and Daniel Y. Lee (2009) First Names and Crime: Does Unpopularity Spell Trouble?

6. Timothy D. Wilson (2004) Strangers to Ourselves: Discovering the Adaptive Unconscious
7. Nelson Cowan (2000) The Magical Number 4 in Short-Term Memory: A Reconsideration of Mental Storage Capacity

第1章

1. Natascia Brondino, Annalisa De Silvestri, Simona Re, Niccolò Lanati, Pia Thiemann, Anna Verna, Enzo Emanuele, and Pierluigi Politi (2013) A Systematic Review and Meta-Analysis of Ginkgo biloba in Neuropsychiatric Disorders: From Ancient Tradition to Modern-Day Medicine
2. Tad T. Brunyé, Caroline R. Mahoney, Harris R. Lieberman, and Holly A. Taylor (2010) CaffeineModulates Attention Network Function
3. Andreas G. Franke, Patrik Gränsmark, Alexandra Agricola, Kai Schühle, Thilo Rommel, Alexandra Sebastian, Harald E. Balló, Stanislav Gorbulev, Christer Gerdes, Björn Frank, Christian Ruckes, Oliver Tüscher, and Klaus Lieb (2017) Methylphenidate, Modafinil,and Caffeinefor Cognitive Enhancement in Chess: A Double-Blind, Randomised Controlled Trial
4. Haley A. Young David Benton (2013) CaffeineCan Decrease Subjective Energy Depending on the Vehicle with Which It Is Consumed and When It Is Measured

5. Francisco G. Vital-Lopez, Sridhar Ramakrishnan, Tracy J. Doty, Thomas J. Balkin, and Jaques Reifman (2018) Caffeine Dosing Strategies to Optimize AlertnessDuring Sleep Loss
6. Chanaka N. Kahathuduwa, Tharaka L. Dassanayake, A. M. Tissa Amarakoon, and Vajira S. Weerasinghe (2016) Acute Effects of Theanine, Caffeine and Theanine–Caffeine Combination on Attention
7. Roy J. Hardman, Greg Kennedy, Helen Macpherson, Andrew B. Scholey, and Andrew Pipingas (2016) Adherence to a Mediterranean-Style Diet and Effectson Cognition in Adults: A Qualitative Evaluation and Systematic Review of Longitudinal and Prospective Trials
8. Jerome Sarris, Alan C. Logan, Tasnime N. Akbaraly, G. Paul Amminger, Vicent Balanzá-Martínez, Marlene P. Freeman, Joseph Hibbeln, Yutaka Matsuoka, David Mischoulon, Tetsuya Mizoue, Akiko Nanri, Daisuke Nishi, Drew Ramsey, Julia J. Rucklidge, Almudena Sanchez-Villegas, Andrew B. Scholey, Kuan-Pin Su, and Felice N. Jacka (2015) Nutritional Medicine as Mainstream in Psychiatry
9. Martha Clare Morris, Christy C. Tangney, Yamin Wang, Frank M. Sacks, David A. Bennett, and Neelum T. Aggarwal (2015) MIND Diet Associated with Reduced Incidence of Alzheimer's Disease

10. Martha Clare Morris, Christy C. Tangney, Yamin Wang, Frank M. Sacks, Lisa L. Barnes, David A. Bennett, and Neelum T. Aggarwal (2015) MIND Diet Slows Cognitive Decline with Aging

11. Benjamin Harkin, Thomas L. Webb, Betty P. I. Chang, Andrew Prestwich, Mark Conner, Ian Kellar, Yael Benn, and Paschal Sheeran (2016) Does Monitoring Goal Progress Promote Goal Attainment? A Meta-Analysis of the Experimental Evidence

12. Pam A. Mueller and Daniel M. Oppenheimer (2014) The Pen Is Mightier Than the Keyboard: Advantages of Longhand over Laptop Note Taking

13. Steven W. Lichtman, Krystyna Pisarska, Ellen Raynes Berman, Michele Pestone, Hillary Dowling, Esther Offenbacher,Hope Weisel, Stanley Heshka, Dwight E. Matthews, and Steven B. Heymsfield(1992) Discrepancy Between Self-Reported and Actual Caloric Intake and Exercise in Obese Subjects

第2章

1. Allan K. Blunt and Timothy A. Pychyl (2000) Task Aversiveness and Procrastination: A Multi-Dimensional Approach to Task Aversiveness Across Stages of Personal Projects

2. Judy Xu and Janet Metcalfe (2016) Studying in the Region of Proximal Learning ReducesMind

Wandering

3. Andrew M. Carton, Chad Murphy, and Jonathan R. Clark (2014) A (Blurry) Vision of the Future: How Leader Rhetoric About Ultimate Goals Influences Performanc
4. Jooyoung Park, Fang-Chi Lu, and William M. Hedgcock (2017) Relative Effectsof Forward and Backward Planning on Goal Pursuit
5. Anton Gollwitzer, Gabriele Oettingen, Teri A. Kirby, Angela Lee Duckworth, and Doris Mayer (2011) Mental Contrasting Facilitates Academic Performance in School ChildrenAngela Lee Duckworth, Heidi Grant, Benjamin Loew, Gabriele Oettingen, and Peter M. Gollwitzer (2011) Self-Regulation Strategies Improve Self-Discipline in Adolescents: Benefits of Mental Contrasting and Implementation Intentions
6. Heather Barry Kappes and Gabriele Oettingen (2011) Positive Fantasies About Idealized Futures Sap Energy
7. Eric R. Spangenberg, Ioannis Kareklas, Berna Devezer, and David E. Sprott (2016) A Meta-Analytic Synthesis of the Question-Behavior Effec
8. Peter M. Gollwitzer and Paschal Sheeran (2006) Implementation Intentions and Goal Achievement: A Meta-Analysis of Effects and Processe

9. Dominic Conroy and Martin S. Hagger (2018) Imagery Interventions in Health Behavior: A Meta-Analysis
10. Todd Rogers and Katherine L. Milkman (2016) Reminders Through Association

第3章

1. Allen Ding Tian, Juliana Schroeder, Gerald Häubl, Jane L. Risen, Michael I. Norton, and Francesca Gino (2018) Enacting Rituals to Improve Self-Control
2. Eric B. Loucks, Willoughby B. Britton, Chanelle J. Howe, Roee Gutman, Stephen E. Gilman, Judson Brewer, Charles B. Eaton, and Stephen L. Buka (2015) Associations of Dispositional Mindfulness with Obesity and Central Adiposity: The New England Family Study
3. Lysann Damisch, Barbara Stoberock, and Thomas Mussweiler (2010) Keep Your Fingers Crossed! How Superstition Improves Performance
4. Enrique Octavio Flores Gutiérrez and Víctor Andrés Terán Camarena (2015) Music Therapy in Generalized Anxiety Disorder
5. Jonas De keersmaecker, David Dunning, Gordon Pennycook, David G. Rand, Carmen Sanchez, Christian Unkelbach, and Arne Roets (2019) Investigating the Robustness of theIllusory Truth

EffectAcross Individual Differencesin Cognitive Ability, Need for Cognitive Closure, and Cognitive Style

6. Diwas S. KC, Bradley R. Staats, Maryam Kouchaki, and Francesca Gino (2017) Task Selection and Workload: A Focus on Completing Easy Tasks Hurts Long-Term Performance
7. Megan Oaten and Ken Cheng (2007) Improvements in Self-Control from Financial Monitoring
8. Benjamin Harkin, Thomas L. Webb, Betty P. I. Chang, Andrew Prestwich, Mark Conner, Ian Kellar, Yael Benn, and Paschal Sheeran (2016) Does Monitoring Goal Progress Promote Goal Attainment? A Meta-Analysis of the Experimental Evidence
9. Mark Muraven, Roy F. Baumeister, and Dianne M. Tice (1999) Longitudinal Improvement of Self-Regulation Through Practice: Building Self-Control Strength Through Repeated Exercise
10. Jianxin Wang, Yulei Rao, and Daniel E. Houser (2016) An Experimental Analysis of Acquired Impulse Control Among Adult Humans Intolerant to Alcohol
11. McKay Moore Sohlberg , Catherine A. Mateer (2001) Cognitive Rehabilitation: An Integrative Neuropsychological Approach
12. Mel Robbins (2017) The 5 Second Rule: Transform Your Life, Work, and Confidencewith Everyday Courage

13. BJ Fogg (2019) Tiny Habits: The Small Changes That Change Everything
14. Navin Kaushal and Ryan E. Rhodes (2015) Exercise Habit Formation in New Gym Members: A Longitudinal Study
15. Phillippa Lally, Cornelia H. M. Van Jaarsveld, Henry W. W. Potts, and Jane Wardle (2009) How Are Habits Formed: Modelling Habit Formation in the Real World

第4章

1. Ap Dijksterhuis and Ad van Knippenberg (1998) The Relation Between Perception and Behavior, or How to Win a Game of Trivial Pursuit
2. Jochim Hansen and Michaela Wänke (2009) Think of Capable Others and You Can Make It! Self-Efficacy Mediates the Effect of Stereotype Activation on Behav
3. Cheryl A. Taylor, Charles G. Lord, Rusty B. McIntyre, and René M. Paulson (2011) The Hillary Clinton Effect:When the Same Role Model Inspires or Fails to Inspire Improved Performance Under Stereotype Threat
4. Amy Wrzesniewski, Clark McCauley, Paul Rozin, and Barry Schwartz (1997) Jobs, Careers, and Callings: People's Relations to Their Work

5. Amy Wrzesniewski, Nicholas LoBuglio, Jane E. Dutton, and Justin M. Berg (2013) Job Crafting and Cultivating Positive Meaning and Identity in Work
6. Antonis Hatzigeorgiadis, Nikos Zourbanos, Evangelos Galanis, and Yiannis Theodorakis (2011) Self-Talk and Sports Performance: A Meta-Analysis
7. Kimberly D. Tanner (2012) Promoting Student Metacognition ※質問内容は作者が一部改変
8. Benjamin L. Butina (2016) An Investigation of the Efficacof the Using Your Signature Strengths in a New Way to Enhance Strengths Use in Work Settings
9. Boris Groysberg, Ashish Nanda, and Nitin Nohria (2004) The Risky Business of Hiring Stars
10. Bersin by Deloitte (2014) The Corporate Learning Factbook 2014: Benchmarks, Trends, and Analysis of the U.S. Training Market
11. Kobe Desender, Sarah Beums, Eva Van den Bussche (2015) Is mental effort exertion contagious

第5章

1. Evan C. Carter and Michael E. McCullough (2014) Publication Bias and the Limited Strength Model of Self-Control: Has the Evidence for Ego Depletion Been Overestimated?
2. M. S. Hagger, N. L. D. Chatzisarantis, H. Alberts, C. O. Anggono, C. Batailler, A. R. Birt, R. Brand,

M. J. Brandt, G. Brewer, S. Bruyneel, D. P. Calvillo, W. K. Campbell, P. R. Cannon, M. Carlucci, N. P. Carruth, T. Cheung, A. Crowell, D. T. D. De Ridder, S. Dewitte, M. Elson, J. R. Evans, B. A. Fay, B. M. Fennis, A. Finley, Z. Francis, E. Heise, H. Hoemann, Michael Inzlicht, S. L. Koole, L. Koppel, F. Kroese, F. Lange, K. Lau, B. P. Lynch, C. Martijn, H. Merckelbach, N. V. Mills, A. Michirev, A. Miyake, A. E. Mosser, M. Muise, D. Muller, M. Muzi, D. Nalis, R. Nurwanti, H. Otgaar, M. C. Philipp, P. Primoceri, K. Rentzsch, L. Ringos, C. Schlinkert, B. J. Schmeichel, S. F. Schoch, M. Schrama, A. Schütz, A. Stamos, G. Tinghög, J. Ullrich, M. vanDellen, S. Wimbarti, W. Wolff,C. Yusainy, O. Zerhouni, and M. Zwienenberg (2016) A Multilab Preregistered Replication of the Ego-Depletion Effec

3. Xiaomeng Xu, Kathryn E. Demos, Tricia M. Leahey, Chantelle N. Hart, Jennifer Trautvetter, Pamela Coward, Kathryn R. Middleton, and Rena R. Wing (2014) Failure to Replicate Depletion of Self-Control
4. Jacob L. Orquin and Robert Kurzban (2016) A Meta-Analysis of Blood Glucose Effectson Human Decision Making
5. Robert Kurzban (2010) Does the Brain Consume Additional Glucose During Self-Control Tasks?
6. Michael Inzlicht, Brandon J. Schmeichel, and C. Neil Macrae (2014) Why Self-Control Seems (but

May Not Be) Limited
7. Matthew A. Sanders, Steve D. Shirk, Chris J. Burgin, and Leonard L. Martin (2012) The Gargle Effect: Rinsing the Mouth with Glucose Enhances Self-Contro
8. Gloria Mark, Shamsi Iqbal, Mary Czerwinski, Paul Johns, and Akane Sano (2016) Neurotics Can't Focus: An in situ Study of Online Multitasking in the Workplace
9. Jessica Skorka-Brown, Jackie Andrade, Ben Whalley, and Jon May (2015) Playing Tetris Decreases Drug and Other Cravings in Real World Settings
10. Nicole L. Mead and Vanessa M. Patrick (2016) The Taming of Desire: UnspecificPostponement Reduces Desire for and Consumption of Postponed Temptations
11. エイドリアン・ウェルズ (2012)メタ認知療法 うつと不安の新しいケースフォーミュレーション
12. Frederick G. Lopez and Cathrine A. Wambach (1982) Efects of Paradoxical and Self-Control Directives in Counseling
Gregg Mulry, Raymond Fleming, and Ann C. Gottschalk (1994) Psychological Reactance and Brief Treatment of Academic Procrastination
13. Laura Dabbish, Gloria Mark, and Victor Gonzalez (2011) Why Do I Keep Interrupting Myself?:

Environment, Habit and Self-Interruption

14. Erik M. Altmann, J. Gregory Trafton, and David Z. Hambrick (2014) Momentary Interruptions Can Derail the Train of Thought
15. Ravi Mehta and Rui (Juliet) Zhu (2009) Blue or Red? Exploring the Effectof Color on Cognitive Task Performances
16. Mona Lisa Chanda and Daniel J. Levitin (2013) The Neurochemistry of Music
17. Anneli B. Haake (2011) Individual Music Listening in Workplace Settings: An Exploratory Survey of Offices in the
18. Yi-Nuo Shih, Rong-Hwa Huang, and Hsin-Yu Chiang (2012) Background Music: Effects on Attention Performance
19. E. Glenn Schellenberg, Takayuki Nakata, Patrick G. Hunter, and Sachiko Tamoto (2007) Exposure to Music and Cognitive Performance: Tests of Children and Adults

第6章

1. Liad Uziel and Roy F. Baumeister (2017) The Self-Control Irony: Desire for Self-Control Limits Exertion of Self-Control in Demanding Settings

2. Dmitrij Agroskin, Johannes Klackl, and Eva Jonas (2014) The Self-Liking Brain: A VBM Study on the Structural Substrate of Self-Esteem
3. Jia Wei Zhang and Serena Chen (2016) Self-Compassion Promotes Personal Improvement from Regret Experiences via Acceptance
4. Chen Zhang, David M. Mayer, and Eunbit Hwang (2018) More Is Less: Learning but Not Relaxing Buffers Deviance Under Job Stressor
5. Shinya Kajitani, Colin McKenzie, and Kei Sakata (2017) Use It Too Much and Lose It? The Effect of Working Hours on Cognitive Ability
6. 田中二郎 (2016) アフリカ狩猟採集民ブッシュマンの昔と今—半世紀の記録—
7. Kate E. Lee, Kathryn J. H. Williams, Leisa D. Sargent, Nicholas S. G. Williams, and Katherine A. Johnson (2015) 40-Second Green Roof Views Sustain Attention: The Role of Micro-Breaks in Attention Restoration
8. Magdalena M. H. E. van den Berg, Jolanda Maas, Rianne Muller, Anoek Braun, Wendy Kaandorp, René van Lien, Mireille N. M. van Poppel, Willem van Mechelen, and Agnes E. van den Berg (2015) Autonomic Nervous System Responses to Viewing Green and Built Settings: DifferentiatingBetween Sympathetic and Parasympathetic Activity

9. Kazuya Suwabe, Kyeongho Byun, Kazuki Hyodo, Zachariah M. Reagh, Jared M. Roberts, Akira Matsushita, Kousaku Saotome, Genta Ochi, Takemune Fukuie, Kenji Suzuki, Yoshiyuki Sankai, Michael A. Yassa, and Hideaki Soya (2018) Rapid Stimulation of Human Dentate Gyrus Function with Acute Mild Exercise

10. Fabien Dal Maso, Bennet Desormeau, Marie-Hélène Boudrias, and Marc Roig (2018) Acute Cardiovascular Exercise Promotes Functional Changes in Cortico-Motor Networks During the Early Stages of Motor Memory Consolidation

11. Bud Winter and Jimson Lee (2012) Relax and Win: Championship Performance in Whatever You Do

國家圖書館出版品預行編目資料

最高專注力：讓頭腦清晰一整天的 45 項神級高效技巧 / 鈴木祐著；張翡臻譯 . -- 臺北市：三采文化股份有限公司 , 2022.06
面； 公分 . -- (MindMap；238)
譯自：ヤバい集中力：1日ブッ通しでアタマが冴えわたる神ライフハック45
ISBN 978-957-658-738-2(平裝)

1. 注意力 2. 成功法
176.32 110021245

suncolor 三采文化集團

Mind Map 238

最高專注力

讓頭腦清晰一整天的 45 項神級高效技巧

作者｜鈴木祐　譯者｜張翡臻
主編｜喬郁珊　協力編輯｜郭慧　美術主編｜藍秀婷　封面設計｜李蕙雲
版權選書｜劉契妙　內頁排版｜顏麟驊

發行人｜張輝明　總編輯長｜曾雅青　發行所｜三采文化股份有限公司
地址｜台北市內湖區瑞光路 513 巷 33 號 8 樓
傳訊｜TEL:8797-1234　FAX:8797-1688　網址｜www.suncolor.com.tw
郵政劃撥｜帳號：14319060　戶名：三采文化股份有限公司
初版發行｜2022 年 6 月 2 日　定價｜NT$400
2 刷｜2022 年 7 月 25 日

suncolor